PETITES HISTOIRES DE MON SHOWBIZ

Ouvrage dirigé par Franck Spengler

www.hugoetcie.fr

ISBN : 9782755613803
Dépôt légal : mars 2014
N° d'impression : 14-0148
Imprimé en France

Jean-Paul Rouland

Petites Histoires de mon Showbiz

Hugo Doc

PIERRE MONDY : PLUS RIEUR... TU MEURS ! 9
QUAND FERNANDEL JOUAIT LES TARZAN À L'ABC 15
LES AUTOGRAPHES DE MONSIEUR RAIMU AU FOUQUET'S 19
LE BULLETIN DE LA MÉTÉOROLOGIE NATIONALE 21
FRANCIS BLANCHE EN COLÈRE CONTRE HITCHCOCK 23
GABY MORLAY... COUPÉE AU RAS DU COMBINÉ 27
MONTAND ENVOIE SON PLUS GRAND SUCCÈS... AUX CH... 29
SACHA GUITRY ET L'AMATEUR DE CIGARILLOS 33
LE « TEMPS DES CERISES » ET LA COMMUNE : ANACHRONISME ! 35
LE ROYAL CLOCHARD D'EUROPE 1 41
MICHEL SIMON ET L'OFFENSE AU PRINTEMPS 45
LUCIEN GUITRY SOUPE AU BORDEL, FAUTE DE RESTAURANT 51
LÉON ZITRONE ET LE LIBRE PASSAGE DE SA VOITURE 53
PAUL-ÉMILE VICTOR ET LE VENT DU PÔLE 55
SACHA GUITRY ET SA DOUBLURE... 57
FRÉHEL, LA CIGALE ET... LA BIGNOLE DE LA RUE BLANCHE 59
ELVIRE POPESCO ET LE DOUANIER DÉLICAT 63
RIKA ZARAÏ ET JACQUES BREL À L'OLYMPIA 65
MARK TWAIN ET LE CHIEN DES PAUVRES 67
TINO ROSSI ET LE PARKING GEORGE V 69
MARGUERITE MORENO, LA FOLLE DE CHAILLOT À LA DENT DURE 73
JEAN TRANCÈNE, ROI DES PHALLOCRATES ORGANISÉS 75
LA « GRANDE DUDUCHE » AVEC UN « N » COMME NAÏVETÉ 79
SYLVIA MONFORT, MESSAGE POST-MORTEM 83
YVES MONTAND ET LES GOSSES DU QUÉBEC 85
PIERRE TCHERNIA ET SON DÉTRACTEUR 89
GUITRY ET LE PORTRAIT DE CHARLOTTE, SON EX-FEMME 91
LINO, LE GORILLE DU GÉNÉRAL EN INSTITUTEUR 93
SARAH BERNHARDT ET LE ROI DE LA GAFFE À RÉPÉTITION 95
RAIMU ET LA « MAIIIIRE » DE MARIUS, CONSERVÉ DANS LE FILM 97
MARCEL PAGNOL ET LA PROMESSE... TENUE 99
HENRI GUISOL, PRINCE DE LA DISTRACTION SUR LES CHAMPS-ÉLYSÉES 101
LUCIEN GUITRY REÇU PAR CLEMENCEAU 103
SACHA GUITRY ET LE VIEUX CABOTIN 105
TINO BARATINE SON PUBLIC 107
J'AI VU RAIMU JOUER *LE BOURGEOIS* AU FRANÇAIS 111
GUITRY ET UN FFI NOMMÉ DECAUX 115
LE GÉNÉRAL ET JEAN-LOUIS BARRAULT MORT EN 68 117
MICHEL SIMON ET SIMONE 119
ZITRONE NE PEUT PLUS ME VOIR 121
LA PUNITION CRAVATE DE SARKO PAR SÉGOLÈNE ROYAL ? 125
JE SUIS RESTÉ EN TÊTE À TÊTE AVEC LOUIS XIV... 127
MADAME PAULINE CARTON « BIBLIOTHÈQUE AMBULANTE » 129
MAURICE CHEVALIER ET LES RADINS 131
BELLEMARE MORDU PAR UN TÉLÉPHONE 133
MARCEL CARNÉ PIÉTINE SON CHAPEAU DANS « LES ENFANTS DU PARADIS » 137

L'ÉNIGME D'AIMOS, LE TITI PARISIEN MORT EN HÉROS ? 141
« LE CHRIST » FRAPPÉ D'INDIGNITÉ NATIONALE… 145
MICHEL SIMON ET LE GÉNÉRAL À L'ÉLYSÉE 147
GUITRY ET LE PINCEAU DE MONET 149
UN YACHT DANS LES MARGUERITES OU BELLEMARE COULE SON BATEAU 151
JULES BERRY ET LE SOUFFLEUR SOUFFLÉ 161
PIERRE DORIS ET LES PAUVRES… DE L'OLYMPIA 163
CLAUDE DARGET ET LE « MARRONNIER » CHURCHILL 165
JEAN D'ARCY ET BELLEMARE 167
LE DUC DE WINDSOR… SORT AU-DESSUS DE SES MOYENS 169
MOCKY ET LA LOGE DE JEANNE MOREAU 173
J'AI SUCCOMBÉ AU MASSAGE THAÏLANDAIS À BANGKOK 175
… IL DÉCHIRE SON PANTALON ET MEURT… 181
CLAUDE DARGET ET LES ACCORDS D'ÉVIAN 185
L'ARRIVÉE DE JOE DASSIN EN MAJESTÉ 187
J'AI CONNU UN SUCCÈS MONDIAL À VERSAILLES SUR LE GRAND CANAL 191
PIERRE-JEAN VAILLARD, L'ESPRIT DE DÉDICACE 195
MICHEL SIMON REFUSE D'ÉTRANGLER GALABRU 197
MON ÉTOILE JAUNE PENDANT LA GUERRE 199
CLAUDE DARGET ET « LA VIE DES ANIMAUX » 205
GÉRARD OURY ET LE « SCP » QUI NE PASSE PAS 207
LA FOIRE AUX CHANSONS À LA KERMESSE AUX ÉTOILES 211
GUITRY ET MOLIÈRE, LE GRAND PATRON 215
ON N'A PAS LE C… D'ÊTRE AUSSI DROIT, DISAIT GAINSBOURG 217
M. CHEVALIER, RETOUR SIFFLÉ À LA LIBÉRATION 221
LES COUPS DE PIED AU C… DE PAGNOL 225
ANTOINE BLONDIN ET LES PINTADES DE MADAME GODDET 227
20 MILLIONS CASH… ET LE PRÉSIDENT FLOIRAT 229
HENRI SALVADOR ET LA CRITIQUE D'UN C… 235
EUROPE 1 À 100 À L'HEURE SUR L'AUTOROUTE DU SUD 237
JEAN-JACQUES VITAL ET PIERRE MINGAND, EX-JEUNE PREMIER 239
MON AMI ALAIN DECAUX : POUR UNE REINE, 3000 GRENADIERS À POIL ! 243
CLAUDE DARGET ET BIG LÉON 249
JEAN NOHAIN, « MERVEILLEUX » TROUBADOUR 251
LE CARROSSE DE MAURICE SIEGEL AU GRAND SIÈCLE À VERSAILLES 255
SACHA APPREND QU'IL EST COCUFIÉ PAR YVONNE 259
LE GOAL PASSOIRE DU CIRQUE JEAN RICHARD, JULIEN DARUI 261
GUITRY ET LE « *GOD SAVE THE KING* » VOLÉ À LOUIS XIV 265
PAULINE CARTON ET LA MOUSTACHE POSTICHE 267
MICHEL SIMON ET SON NÈGRE EXHIBITIONNISTE 271
JULIEN CARETTE SOUS LE ZINC 274
MAURICE BIRAUD ET SA BRAGUETTE LARGEMENT OUVERTE 277
SACHA GUITRY ET GEORGE V DANS SA LOGE À LONDRES 279
MON MUR DES… EMMERDEURS ÉTOILÉS 280
L'ESPRIT MAL TOURNÉ 283
RÉPONSES DES ÉNIGMES DE LA PAGE 183 287

PIERRE MONDY : PLUS RIEUR… TU MEURS !

– Je pouffais…

Étymologiquement, pouffer, c'est rire par à-coups sans pouvoir se contenir, comme des coups de vent que rien ni personne ne peut ni prévoir ni retenir.

Pierre m'a raconté :

« En 1963, nous tournions les extérieurs de *Week-end à Zuydcoote* avec Henri Verneuil et, comme chacun sait, ça se passe pendant la fameuse retraite franco-anglaise de Dunkerque en 1940. Nous étions dans les dunes au bord de la plage avec Belmondo et Marielle. Ils sont aussi déconnants l'un que l'autre, mais tout à fait capables de passer, en l'espace de cinq secondes, de la plus grosse connerie au sérieux de la scène à tourner, ce que je suis incapable de faire. Or là, à Zuydcoote, la scène se compliquait du fait qu'il fallait faire partir d'un aéroport voisin des avions allemands censés nous mitrailler en rase-mottes, avec des répliques qu'on échangeait juste avant leur passage… Tout ça orchestré grâce à des radios, des talkies, des signaux optiques, un bordel pas possible à déclencher.

– Aussi, les enfants, avait précisé Verneuil, *on ne rigole pas, on se met bien en place ici, avant de faire décoller les avions parce qu'on ne peut pas faire la scène une dizaine de fois. Il ne faut pas loin d'une heure pour que tout se resynchronise. Alors, je vous demande la plus grande des consciences professionnelles possibles. Merci d'avance à tous.*

Évidemment, plus on te demande de te concentrer, plus tu es sous le coup de la rigolade, et les deux autres zigotos n'en continuaient pas moins à échanger des conneries du genre :

– *Dis-moi, chef*, disait Marielle, qui jouait un aumônier, au sergent-chef Belmondo, *vous n'auriez pas une capote anglaise à me prêter pour me déguiser en phallus britannique ?*

– *Désolé*, répondait l'autre, *ma dernière, je l'ai laissée dans le c… d'un Écossais qui enterrait sa cornemuse…*

C'est peut-être idiot comme ça, mais là-bas, dans les dunes en griv'tons dont la peur doit se lire sur les visages… tiens, bonjour !

Pour ne pas entendre leurs conneries, j'avais mis des bouts de ouate dans mes oreilles, mais ils me mimaient des trucs ignobles… Alors, on tourne pour de bon, j'enlève mes cotons, on balance nos répliques, les avions allemands arrivent et nous mitraillent, on se jette à terre et j'entends Marielle qui dit :

– *Pas passée loin celle-là, j'ai senti l'odeur du schnaps !*

Alors, j'ai explosé la tête dans le sable, je n'arrivais pas à me relever. Le soir, après la projection des rushes, Verneuil m'a dit :

– *T'as peut-être plongé un peu trop vite, mais ton tremblement par terre, la tête dans l'sable, est des plus réalistes. Bravo, on sent la trouille.*

Je n'ai pas osé jeter un regard vers les deux autres zozos, je n'aurais pas tenu le coup. »

Chez les Rouland aussi, la pouffe était un tel fléau héréditaire que Jacques et moi, nous nous étions « *interdits d'enterrement à vue…* »

En entrant dans les églises, nous nous arrangions pour n'être pas dans l'axe d'un regard l'un vers l'autre au cazou…

– *Il y a toujours dans les circonstances même les plus dramatiques un côté comique qu'il vaut mieux éviter de voir…*

Mon grand-père, mon père racontaient leurs « pouffes » en en riant encore… Qui n'a pas connu ça ?

« *Le rire est le propre de l'homme* » a dit Rabelais, plus prosaïquement « *ça vaut un beefsteak* », quand ça ne vous provoque pas un tel délabrement physique qui vous terrasse au sol, comme ce fut notre cas, à Jacques et moi, le jour où… (Permettez-moi cette digression.)

Notre grand-mère maternelle avait une légère aphasie verbale qui brusquement la faisait « parler en i ». Elle m'appelait « Jean-Pile », mon frère « Jicques », le « couti » pour couteau, les « assiites », le « pi » pour le pain, ce qui nous déclenchait des fous rires dont elle-même finissait par rire et la faisait conclure :

– *Oh j'suis fatiguiie, j'vas aller m'couchi…*

Brave grand-mère, « confite » en dévotion, allant tous les matins à la messe et nous faisant prier à tire-larigot pour untel ou à propos de telle circonstance, occasions qui ne manquaient pas en cette période de guerre.

Un après-midi, elle reçoit au salon M. l'Archiprêtre d'Avranches, dont cette « bonne Madame Debon » figurait au rang des bienfaitrices les « mieux cotées »…

Au moment de prendre congé, Grand-Mère et son saint visiteur sortent sur le perron alors que nous jouons, Jacques et moi, dans le jardin.

– *Mes petits, venez dire au revoir à Monsieur « l'Archipriitre ».*

Ça démarrait bien… En rigolant, nous arrivons au pied du perron au moment où un hanneton atterrit sur l'épaule de l'archiprêtre. Comme celui-ci n'a rien vu, Grand-Mère pointe un doigt en direction de l'insecte, horrifié :

– *Li, li… (pour là, là.)*

Comme l'homme de Dieu ne comprend rien à ce qui se passe, Grand-Mère, pour expliquer son geste et le prévenir du danger, lui dit cette phrase à jamais gravée dans ma mémoire :

– *Vous avez une grosse BÊTE…*

Et elle met un « i » derrière le « b »… Vous voyez le résultat… C'est là que Jacques et moi, nous avons été foudroyés par le rire, en nous écroulant sur l'herbe de la pelouse.

– *Vous avez une grosse b…!*

Quand nous avons repris conscience, l'archiprêtre et Grand-Mère avaient disparu… lassés de nous voir nous tordre de rire sur le gazon pour un mot de travers de notre aïeule.

Grand-Mère n'avait eu, bien sûr, aucune idée de l'incongruité du mot que son aphasie lui avait laissé échapper. C'était encore à l'époque une appellation plutôt parisienne. Et l'archiprêtre ? Avait-il saisi le sens phallique de notre hilarité intempestive ?

– *Vous avez une grosse b…!*

Jacques assurait que l'homme d'église riait « sous chape » en partant... Moi, j'assurais que c'était de nous voir rire. S'il avait compris, il aurait forcément réagi.

– *Oh ! Madame Debon, vous me flattez !*

Un saint homme ne se doit-il pas de rester modeste quelles que soient les circonstances... ?

Mais revenons à Mondy :

« En 1954, je reçois un coup de fil de Raymond Rouleau, comédien et metteur-en-scène de théâtre, qui me dit qu'il monte *Les Sorcières de Salem*, un drame noir d'Arthur Miller adapté par Sartre, avec Signoret et Montand...

– *Je te vois très bien dans le rôle de l'inquisiteur. J'en ai parlé à Signoret et Montand qui sont d'accord, mais ils veulent faire d'abord ta connaissance. Tu joues où en ce moment ?*

– *À l'Amiral !*

– *Très bien, j'leur dis de passer te voir un de ces soirs.*

Bien sûr, ni lui ni moi n'avions réalisé la situation. Entre *Les Sorcières de Salem* et *La Revue de l'Amiral*, conduite par Roger Pierre et Jean-Marc Thibaut avec Jean Richard, Darry Cowl, Mailland et Jean Lefebvre, c'est la Comédie française et les Folies Bergère.

Lorsqu'ils débarquent dans la loge commune à la fin de la revue, j'ai encore la robe en tutu et le dolmen de sapeur-pompier avec le casque à plumes du final...

– *Évidemment*, me dit Simone d'entrée, *ce dont on va parler n'a rien à voir...*

– *Mais alors rien du tout*, surenchérit Montand...

Comment dire le contraire ? Nous avons tous éclaté de rire et c'est comme ça qu'a commencé notre collaboration avec le succès que l'on sait. *Les Sorcières de Salem*, pièce dure, pour ne pas dire féroce, sur la lâcheté et le sectarisme, sorte de procès du maccartisme américain, ça n'était pas fait pour rigoler... pourtant...

Un soir, je rentre en scène en grand inquisiteur avec Signoret qui va se placer à l'avant-scène, en figure de proue, rigide, le masque fermé, alors que Montand va s'asseoir sur un tabouret posé sur le côté d'une longue table. Moi, je vais solennellement m'asseoir sur un autre tabouret en bout de cette table...

Scène très intense où l'inquisiteur que j'incarne bombarde de questions insidieuses Montand.

Pour équilibrer la situation visuelle, Raymond Rouleau avait eu l'idée de faire fabriquer un petit tabouret assez bas pour Montand et un grand pour moi, ce qui nous mettait à égalité de hauteur pour le spectateur… Or, un soir…

Vous imaginez déjà la situation. Le régisseur, distrait, se trompe et il met le grand tabouret sur le côté et le petit au fond… On s'assied et là, brusquement, je disparais à moitié sous la table tandis que Montand donne l'impression d'être assis dessus… C'est atroce… L'horreur… Impossible de rire dans une telle situation ou c'est baisser de rideau… Alors, on ravale la pouffe qui vous étouffe… Montand se tasse sur lui-même comme il peut, le regard fixe, la respiration saccadée, l'œil agrandi par la peur d'exploser à tout moment. Très long silence, aspiration profonde, concentration maximum pour chasser cette image diabolique du dessus et du dessous de table que nous étions devenus. Et Signoret, immobile, ignorant tout de la tragi-comédie qui se déroulait dans son dos, se demandant pourquoi on n'attaquait pas la scène. Alors, on a réussi à jouer, avec des silences qui n'en finissaient pas, chassant, entre chaque réplique, l'image impossible à voir d'un Montand écroulé sur son tabouret et d'un inquisiteur debout en bout de table.

– *Je m'disais*, dira Signoret après la scène, *ils ont bu ou quoi ? Pourtant, tout à l'heure, ils me semblaient normaux…*

Depuis ce soir-là, avant de jouer, Yves ou moi allions « *faire la jauge des tabourets* » pour éviter ce genre de situation… sérieuse (si j'ose dire), mais pas désespérée, nous en avions fait la preuve.

« En 1951, je jouais *Le Moulin de la Galette* de Marcel Achard au théâtre de la Michodière avec Yvonne Printemps et Pierre Fresnay. Or, l'après-midi, Fresnay tournait en studio *Le Docteur Schweitzer*, célèbre Alsacien comme lui, dont il avait repris sans difficulté l'accent d'origine. Un soir, vers la fin de la pièce, allez savoir pourquoi, sans doute une réminiscence de texte du film tourné l'après-midi, le voilà sur scène qui prend tout à coup l'accent alsacien… Étonnement des acteurs et, comme il persiste, Yvonne Printemps, rieuse comme moi, prend le fou rire, incapable de continuer au point où on doit baisser le rideau.

Explications, le calme revenu, Fresnay, en grand Monsieur qu'il était, passe à l'avant-scène et explique au public la situation. Applaudissements. On reprend juste au début de la scène et, dans la même réplique, rebelote, il reprend son accent alsacien. Yvonne, cueillie à nouveau, éclate de rire... Re-rideau.

Pierre Fresnay revient à l'avant-scène, s'excuse encore et, pour éviter toute récidive, raconte la fin de la scène, disant que l'on va la « sucrer » pour attaquer la suivante qui, d'ailleurs, était la conclusion de la pièce.

– *Encore toutes mes excuses !*

Applaudissements, le public adore ça. Fresnay sort, le rideau se lève et, comme ça se passait dans un salon avant un souper, la première réplique, c'était moi en valet qui ouvrais grand les portes de la salle à manger en disant :

– *Madame est servie !*

Alors, je ne sais pas ce qui m'a pris, ce doit être le p'tit lutin malin qui se balade parfois dans la tête de chacun d'entre nous qui a parlé pour moi. J'ai ouvert les portes et j'ai dit :

– *La choucroute de Madame est servie...*

Acteurs et spectateurs ont éclaté de rire, la fin de la pièce s'est terminée dans une confusion inimaginable. Un seul ne riait pas, Pierre Fresnay. Pour un grand professionnel comme il était, il eut beaucoup de mal à digérer ma choucroute.

QUAND FERNANDEL JOUAIT LES TARZAN À L'ABC

– Au music-hall, c'est le crédit qui joue. Quand le public me voit arriver sur scène, j'ai 30 ans de pitreries accrochées à ma dentition... Comment voulez-vous qu'ils ne rigolent pas en voyant cette tronche que j'ai ?

Ce jour-là, Fernandel, le grand Fernandel, nous donne une explication aussi rationnelle que modeste à l'évocation d'un « tour » auquel j'avais assisté à l'ABC tout de suite après la guerre.

– Pendant 3 minutes, vous faisiez des entrées successives après avoir feint de demander au public chaque fois du sérieux et non pas des rires pour vous accueillir... Et tout ça sans un mot, rien que des mimiques !

– Vous pouvez dire des grimaces, Rouland !

– Et la chute ! Extraordinaire, vous sortiez à droite pour la énième fois et aussitôt vous réapparaissiez au fond à gauche ! Je me suis toujours demandé comment vous faisiez.

Un temps, Fernandel nous regarde d'un air méfiant, du genre « je le dis ou je le dis pas ? », et puis, dans un sourire chevalin qui avait fait sa fortune, il nous dévoila son secret :

– Oh ! c'est tout bête ! Il suffisait d'y penser... En sortant, derrière le rideau du fond, il y avait un escabeau sur lequel je montais. On me tendait un fil, attaché en haut dans les cintres à mi-chemin de l'autre côté de la scène et, tel Tarzan dans

la jungle, je me laissais emporter côté jardin où un machino me réceptionnait au vol. En trois secondes, j'apparaissais où personne ne m'attendait... Et là, je disais « bonsoir ! ».

– Sous un tonnerre d'applaudissements.

La surprise et le crédit, c'était la recette du tour de chant de l'époque. Maurice Chevalier avait une très belle définition du numéro de music-hall tel qu'on le concevait alors pour satisfaire son public : « D'entrée, un coup de poing dans la gueule, pour sortir, un coup de pied au cul et, entre les deux, tu t'démmerdes ! »

Fernandel nous parla avec émotion de ses débuts à Marseille où les réparties des titis de la « poulaille » valent largement celles des Parisiens...

– *L'accent en plus...*

Dans une opérette, à un moment, la diva s'évanouissait et, vu son embonpoint, comme son partenaire avait des difficultés à la transporter sur le sofa, du balcon un titi cria :

– *Fais deux voyages !*

En coulisse, la femme d'un chanteur qui se faisait sérieusement siffler continuait imperturbablement de tricoter. Choqué par tant de désinvolture, le régisseur lui dit :

– *Et ça vous fait rien à vous d'entendre votre mari se faire siffler comme ça ?*

Alors, fataliste, sans cesser d'agiter ses aiguilles, la femme de l'infortuné chanteur de répondre :

– *Oh ! vous savez, ça c'est rien ! La semaine dernière, ils me l'ont battu !*

La présentatrice qui annonçait les numéros présente la chanteuse en quelques phrases et conclut :

– ... *Et voilà Clara Tambour !*

Du haut d'un balcon, un titi lance :

– *C'est une pute !*

Alors, sans perdre son sourire, la présentatrice :

– ... *Pute ou pas pute : Clara Tambour !*

Grâce à Pagnol, Fernandel gardera une place « noble » dans le cinéma français. Si *Ernest le rebelle*, où il chantait « *J'ai bouffé du cannibal... leu, j'ai même digéré des bal... leu, j'sais dis... cu... ter!*», n'a pas laissé une empreinte indélébile dans l'histoire du septième art, *Regain* et *La Fille du puisatier* sont toujours regardables en tant que documentaires de la «civilisation provençale pré-automobile». Dans la série extraordinaire des «*Fernandelleries*» d'avant guerre, il faut distinguer *François Ier* tourné par Christian-Jaque en 1937. Celui-ci m'a raconté en 1990 qu'il percevait encore des droits tous les ans sur ce film tourné en «catastrophe». En effet, le long métrage, pour lequel toute une équipe entourant Fernandel était mobilisée, se trouva du jour au lendemain lâché par la production qui abandonnait le projet. Réaction immédiate de Christian-Jaque et de toute l'équipe:

– *On fait un autre film dans la foulée entre nous.*

Avec Jean Manse, le beau-frère de Fernandel qui lui écrivait la plupart de ses chansons, ils «torchent» en 48 heures un scénario intitulé *Les Amours de la Belle Ferronnière*, dont l'histoire tient en trois phrases:

Un simple figurant d'une troupe, devant reprendre le rôle de la vedette devenue aphone, demande à un hypnotiseur de l'expédier à l'époque de François Ier pour mieux s'imprégner du rôle qu'il doit jouer. Il débarque donc dans l'année 1515 à la cour..., un p'tit Larousse sous le bras.

Tous les personnages de la tournée théâtrale se retrouvent dans son rêve sous les traits de François Ier, la Belle Ferronnière, son mari Ferron, Henry VIII d'Angleterre, La Palice, etc.

Cela donne un film de copains qui s'amusent avec un Fernandel en duc de «Meldeuze»... plus étonnant de cocasseries que jamais.

Pour la fameuse scène de torture où une chèvre lui lèche les pieds:

– *On avait passé des heures en mettant tour à tour du sel, du sucre, de la confiture, du miel, de la moutarde sur les doigts de pied de Fernandel,* m'a raconté Christian-Jaque, *sans que la chèvre ne fasse la moindre léchouille. Les pieds du pauvre Fernand étaient devenus tout rouges et enflés au point que, devant ce bide, on allait sucrer la scène lorsqu'un vieux machino qui sortait d'un plateau voisin nous dit: «Vous voulez que la chèvre lui lèche les pieds?» Et, devant l'acquiescement général, il ajouta: «Y a-t-il quelqu'un qui fume la pipe?» Évidemment, à l'époque, c'était très courant. Il a mis du tabac entre les doigts de pied de Fernandel et la chèvre a été le dénicher avec la langue. Ça a donné au montage l'une des scènes les plus réussies du film...*

Pour la petite histoire, la même «mésaventure» est arrivée à Philippe de Broca. Bloqué en province par les événements de Mai 68 avec toute une équipe, il tourne *Le Diable par la queue* avec toute une bande de joyeux complices, dont Yves Montand en gangster déjanté et Jean-Pierre Marielle en « séducteur moumouté ». Du meilleur divertissement !

Malgré les 250 millions de spectateurs du grand écran qu'on lui attribuait, Fernandel était resté un homme simple et jovial qui se racontait volontiers :

– *Un jour que tout allait mal sur le tournage, Marcel Pagnol s'en prit à moi, me reprochant d'y mettre de la mauvaise volonté. Je me rebiffe, le ton monte et cet homme d'ordinaire si bien élevé me dit : « Tu n'es qu'un pauvre con… » Vous vous rendez compte, devant tout le monde, les machinos, les techniciens, les glandeurs, me dire ça, à moi… Alors, je suis parti bouder dans ma loge jusqu'à l'heure de fin de tournage. Le lendemain matin sur le coup de dix heures, on nous livre un somptueux bouquet avec un mot de Pagnol et, tout ému, je dis à Henriette, mon épouse : « Tu vois maman, ça, c'est tout Marcel, un jour il m'engueule et le lendemain il le regrette et il s'excuse… avec des fleurs. » Je décachette l'enveloppe, je déplie le petit mot et je lis : « Après avoir réfléchi une partie de la nuit sur le qualificatif que je t'ai attribué dans la colère, hier au studio, je reviens sur le propos et j'enlève le "pauvre". Je t'embrasserai tout à l'heure. Signé Marcel. »*

Sacha Guitry, qui avait écrit sur mesure *Adhémar* pour Fernandel, dira modestement :

– *Moi, on m'admire. Vous, on vous aime.*

LES AUTOGRAPHES DE MONSIEUR RAIMU AU FOUQUET'S

– Monsieur Raimu, voulez-vous me donner un… ?

Sans même marquer un ralentissement ni même tourner un regard vers le jeune solliciteur que je suis, le grand Jules me coupe tout de suite l'envie de poursuivre ma phrase par un NON catégorique et définitif. Attention, pas un petit « NON » rageur et étriqué, une vraie de vraie négation définitive.

– NOOOON!

En 1943, sur les Champs-Élysées, alors apprenti comédien de 15 ans au Centre du spectacle, la plus belle avenue du monde est un lieu de prédilection des Zazous, dont je porte la veste longue en pied de poule. Je savais, par les copains, que les autographes de Raimu obtenus en dehors du Fouquet's étaient aussi rares que le beurre dans un sandwich au jambon, mais j'avais cru bon de tenter ma chance. Massif comme un menhir, les mains derrière le dos comme les pigeons de la Piazza San Marco, la démarche chaloupée, il sortait de la rue Washington où il habitait alors, cap au Sud vers le Fouquet's où il avait l'habitude de retrouver ses copains méridionaux, « *Mes satélleulites* », comme il disait, pour l'apéritif du soir.

De réputation plutôt radine, il entretenait soigneusement cette renommée « *la moins couteuseu du mond'deu* » en prenant prétexte justement des quémandeurs d'autographes qui se tenaient chaque soir sur le trottoir du

Fouquet's, attendant que Monsieur Raimu leur fasse signe au moment où arriverait l'addition.

– *Ah les zautographes... Les zautographes... Allez zou, venez!*

Alors là, tandis que ses satellites – Andrex, Maupi, Delmont, Blavette, etc. – se cotisaient pour payer, Monsieur Raimu, devenu très sociable, s'intéressait à ses admirateurs.

– *Et tu t'appeleu comment toi? Hein? Il a une bonneu bouilloteu, vous ne trouvez pas? Tiens, le voilà ton autographeu...*

Évidemment, les signatures terminées, Jules faisait semblant de s'étonner.

– *Hé, qui a payé? Vous n'auriez pas dû... C'est pas raisonnable...*

Un soir, un tantinet agacé malgré tout par ce stratagème un peu trop répétitif, Andrex m'a raconté qu'il s'est absenté subrepticement pour appeler et entretenir un des jeunes admirateurs qui attendaient derrière les vitres du Fouquet's... avant de rejoindre la bande mine de rien.

Arrivé le moment de l'addition, fidèle à la tradition, Raimu fait signe aux gamins de venir:

– *Allez les autographeu... Allez, venez...*

N'attendant que ça, les ados se précipitent, et là, ignorant totalement la présence du grand César, ils tendent leurs papiers et leurs crayons à Andrex, Maupi ou autres Blavette et Delmont.

– *Merci Monsieur Maupi, vous aussi Monsieur Andrex...*

Les sourcils froncés comme deux points d'interrogation, avec cet accent bourru qu'il savait si bien utiliser, celui qu'Orson Welles qualifia de «*plus grand acteur du monde*», dit:

– *Allez va... Ce soir, c'est moi qui le payeu cet apéritifeu...*

– *Le plus étonnant de l'histoire*, concluait Andrex, *c'est qu'il l'a fait!*

LE BULLETIN DE LA MÉTÉOROLOGIE NATIONALE

– *Chers zauditeurs, voici le bulletin officiel de la Météorologie nationale.*

Avec une voix de basse profonde, qui semblait monter du sépulcre, le speaker de service (Jean Toscane ?) annonçait le temps qu'il ferait dans les 24 heures.

En 1939, chez mon grand-père, qui possédait une « TSF » (prononcez « Téssef ») dotée d'un œil lumineux pour se régler sur une station, nous écoutions chaque soir le « Bulletin d'informations » du « Journal parlé ».

Moment magique à l'époque, cette boîte d'où sortaient les nouvelles du monde, des chansons, de la musique, des histoires rigolotes et de la « réclame » chantée.

– *La Boldoflorine, la Boldoflorine, la bonne tisane pour le foie...*

– *Brunswick, Brunswick, c'est le fourreur qui fait fureur...* (Culotté en cette année où les Alliés venaient de déclarer la guerre à Hitler le Führer – le guide – du nazisme d'outre-Rhin.)

Avant les « informations », le bulletin météo traditionnel donnait l'occasion à mon grand-père de faire des commentaires rarement flatteurs sur ces spécialistes du temps à venir.

– *Écoutez-les... « Beau temps sur toute la France », le vent est à l'Ouest, c'est de la pluie pour demain. Ce sont des ânes !*

Que de fois n'ai-je entendu ce qualificatif asinien qui, malgré les progrès évidents de la météo, reste encore justifié lorsqu'une parcelle de territoire est épargnée miraculeusement par la pluie annoncée pour le week-end sur toute une région…

On racontait encore, lors de mes débuts en 1946 à la radio, l'histoire de ce speaker qui annonça avant guerre, avec cette voix si caractéristique :

– *Hier soir, il est tombé quatre-vingt-dix-neuf flocons de neige sur Paris…*

La dactylo avait tapé en abrégé « qq » pour « quelques »… et le speaker avait eu la naïveté de croire que les météorologistes avaient un sens de la précision qui devait les placer à la limite de la dépression venue bien au-delà des Açores…

FRANCIS BLANCHE EN COLÈRE CONTRE HITCHCOCK

– *Ce film me fait ch... ! Mais alors, me fait ch... à un point !*

Je suis alors avec la FDMV[1] dans la file d'attente du cinéma des Champs-Élysées contigu au Normandie sur la plus belle avenue du monde et, dans la foule, sortant de la séance qui s'achève, Francis Blanche qui, m'apercevant, s'approche en proférant à voix haute la phrase incongrue mentionnée plus haut.

Aussi étonné que gêné par ce propos incongru au vu et su de tous ces gens qui m'entourent, et nous ont bien sûr identifiés tous les deux, je fais face à la « tornade Blanche ».

Je connais bien, comme tous les gens du showbiz, le côté provocateur de Francis, et son humour souvent grinçant m'incite toujours à prévoir l'inattendu, et là, cette hargne, cette violence contre le film que je m'apprête à revoir pour la troisième fois me paraît précisément totalement disproportionnée, pour ne pas dire suspecte.

Il s'agit du *Crime était presque parfait* d'Hitchcock avec Grace Kelly et Ray Milland, sorti en 1954 et régulièrement repris par les cinémas spécialisées comme celui où je fais la queue. Sur le moment, je reste coi devant ce petit bonhomme à grosse tête qui se fraye un chemin au travers des sortants pour venir à moi.

---

1. Femme de ma vie.

– *Tu ne peux pas savoir c'que ça me fait ch…*

Dans ces années 1960, Francis est déjà très connu pour ses chansons *Débit de l'eau, débit de lait* avec Trenet, *Le Prisonnier de la tour*, ses adaptations sublimes de *La Truite* de Schubert, *La Pince à linge* sur la 5e de Beethoven, *Parti d'en rire* sur le *Boléro* de Ravel. Ses canulars sur Europe 1 tous les dimanches et sa rubrique « Les Oursins », qui « piquent » leurs chansons dans des passages empruntés aux œuvres des grands contemporains, font la joie des amateurs du bon rire. De plus, sa silhouette rondouillarde est reconnaissable entre mille dans les nombreux films comiques qu'il commet « pour faire bouillir la bourmite » car, grand amateur de contrepèteries, il en a toujours « une » à votre disposition comme celle-ci :

– *La philanthropie de l'ouvrier charpentier*[2]*!*

Le voici maintenant à ma hauteur, l'œil et le sourcil courroucés à point, la moue vengeresse au coin des lèvres.

– *Comment vas-tu ?*

Bien sûr, il n'attend qu'une chose, que je lui pose la question en équation avec sa critique publique intempestive, ce que je m'empresse de faire.

– *Alors, tu n'as pas aimé le film ?*

Un temps, d'un coup d'œil expert, Francis s'assure que tous les regards convergent vers lui.

– *Ce film me fait ch… à un point que tu ne peux pas imaginer…*

En une fraction de seconde, je comprends que je suis l'objet rêvé d'un numéro qu'il espérait pouvoir faire à l'issue de ce chef-d'œuvre du septième art, né d'une pièce de théâtre d'un certain Frederick Knott lequel, malgré l'adaptation qu'il exigea de faire avec Alfred Hitchcock, restera dans un anonymat aussi injuste que classique quant à l'idée originale d'une rigueur absolue.

(À noter que le film avait été tourné en relief stéréoscopique pour être vu avec les lunettes rouge et vert – imaginez en relief la main de Grace Kelly cherchant sur la table la paire de ciseaux…)

– *Oui…*, poursuit Francis Blanche, *ça fait quatre fois que je le vois… Je cherche ce qui ne va pas… Et j'ai pas encore trouvé… Ça me fait ch… mais alors, tu peux pas savoir… Bon courage !*

2. La tripe en folie de l'ouvrier partant ch…

Et de son petit pas tranquille, Monsieur Blanche s'évanouit sur les Champs-Élysées en quête de nouveaux gags.

Dans le petit cimetière d'Èze, face à la grande bleue, une large tombe anonyme sur laquelle est gravée cette phrase : « *Laissez-moi dormir, j'étais fait pour ça.* ». Au-dessus, un nom : Francis Blanche. Pour lui qui disait : « *je suis attaché à l'argent. Mais l'argent n'est pas très attaché à moi* », son dernier film, en 1974, avait pour titre *Un linceul n'a pas de poche* !

GABY MORLAY…
COUPÉE AU RAS DU COMBINÉ

Le téléphone sonne et, bien sûr, Gaby Morlay décroche comme c'est prévu dans la scène.

– *Allô oui, j'écoute…*

Se saisissant du combiné amovible, elle se tourne vers son partenaire.

– *Excuse-moi un instant… Allô, comment vas-tu mon loulou… ?*

Apparemment, le « loulou » va bien, ça aussi c'est prévu dans la pièce… Ce qui ne l'est pas, c'est le murmure rigolard qui bruit dans la salle. « Qu'est-ce qui se passe ? »

Un coup d'œil vers son partenaire ne peut la renseigner, celui-ci, conformément à la mise en scène, s'étant discrètement absorbé dans la contemplation d'un tableau censé être bucolique.

– *Qu'est-ce qui t'arrive encore ?*

Poursuivant la scène, Gaby Morlay jette un coup d'œil discret vers ses jambes : la combinaison qui dépasse brusquement, un bas qui s'écroule, un bouton qui vacille… autant d'imprévus qui n'échappent pas à l'œil du spectateur avide d'imprévus…

Non, rien de visible, et pourtant, au fil des mots, le bruissement s'est transformé en murmure, puis en gloussement.

Redoublant son inspection, dans un mouvement tournant, la comédienne découvre tout à coup l'origine des murmures qui se transforment en véritables rires quand le public « voit qu'elle voit »… Le fil du combiné téléphonique a été coupé et pendouille quarante centimètres en dessous de l'appareil…

Situation ubuesque s'il en est !

Évidemment, ce qui doit se dire au téléphone est crucial pour la poursuite de la dramatisation ! Que faire ? Poursuivre comme si de rien n'était, c'est assurément ridiculiser tout ce qui doit se dire… Sortir et demander le rideau, c'est également une cassure dont tout le monde pâtirait.

Gaby Morlay est une comédienne réputée pour son sang-froid et sa maîtrise en scène.

Les méchantes langues disent qu'elle le doit à la bouteille de champagne qu'elle sirote chaque soir en deux parties, la moitié avant les trois coups (les trois coupes !), et l'autre à l'entracte. Les plus pertinents ont remarqué qu'elle triture, dès que le jeu s'y prête, un petit mouchoir de linon qui finira son rôle, en charpie, dans la corbeille à papiers.

Donc, Gaby Morlay repose téléphone et combiné sur la commode, saisit les deux fils pendants. Tranquillement, elle fait un nœud qu'elle attache solidement, reprend le combiné et dit :

– *Excuse-moi, un imbécile nous avait coupés…*

Elle a fait un triomphe, et la pièce s'est poursuivie sans autres formalités.

MONTANT ENVOIE SON PLUS GRAND SUCCÈS… AUX CH…

– *Et* À Paris ?

– *Non, d'abord y'a trop de chansons qui traînent sur Paris, et puis j'aime pas c'qui est bancal, il lui manque un pied…*

– *Je sais, mais…*

– *Non, j't'en prends six, c'est déjà pas mal, non ?*

– *Si, bien sûr.*

– *Alors, celle-là, tu peux carrément la mettre aux chiottes, crois-moi !*

Ce dialogue hautement historique se passe entre Yves Montand et Francis Lemarque qui m'a raconté l'anecdote en public.

Ce jour est pourtant le plus beau de toute une vie pour le jeune auteur-compositeur Francis Lemarque qui, quelques mois auparavant, était au comble du découragement après avoir assisté au tour de chant d'Yves Montand.

Chanteur engagé avant guerre dans la mouvance communiste d'Aragon, Kosma et Prévert, pendant le Front populaire, le jeune Lemarque chantait dans les usines pour les ouvriers en grève avec son frère : « les frères Marc ».

Fidèle à ses idées de gauche, il rejoint les FTP pendant la guerre et, à la Libération, fréquente le milieu branché de Saint-Germain-des-Prés.

Ayant un sens très précis de ce qu'il veut chanter sur scène, il découvre en voyant Montand tout ce qu'il aurait aimé y faire. Loin de se désespérer, comme il est plein d'imagination et joue de la guitare « à la feuille » sans savoir lire une partition, il s'enferme huit jours dans « sa piaule » où il compose sept chansons avec dans l'oreille la voix et le phrasé impeccable d'Yves Montand.

Par l'intermédiaire de Jacques Prévert qu'il connaît bien, il obtient le rendez-vous qui se conclut par le dialogue susmentionné.

– *Super mon gars. Je vais travailler tes chansons, mais il faut que tu me fasses une promesse.*

– *Bien sûr !*

– *Toute nouvelle chanson que tu fais à partir de maintenant, c'est à moi que tu la proposes en premier, d'accord ? Donnant donnant ? OK ? Tope-la !*

Flottant sur un petit nuage rose Kremlin, Lemarque rentre chez lui conscient du rôle qu'il peut à présent jouer dans la chanson française. Les mois passent, les notes s'envolent, les phrases s'écrivent, d'autres chansons naissent.

Entre-temps, Montand a fait son entrée sur scène chaque soir en chantant :

– *Moi, je suis venu à pied, tranquil'ment sans me presser, en marchant à pied, à pied... J'étais sûr de vous trouver, je n'me suis donc pas pressé.*

À son répertoire, il a inscrit « *Qu'elle était verteu ma vélléeuuuu* », « *Bal, petit bal, où je t'ai connue, souviens-toi* », « *Mathilda* », entre autres chansons apportées par Francis Lemarque qui sont devenues aussitôt des succès.

Un jour, fidèle à sa promesse, Francis va voir Montand avec ses dernières compositions et comme il a mal digéré le refus de sa septième chanson, il ne peut s'empêcher de lui dire à un moment :

– *Tiens, au fait, tu sais, ma chanson* À Paris, *la chanson bancale que tu m'avis refusée, Piaf me l'a prise, elle ne va pas la mettre dans son prochain tour car elle en a déjà une sur Paris, mais dans le suivant, elle me l'a promis...*

– *Édith t'a pris* À Paris ?, dit Montand soudain crispé. *Non, c'est pas vrai ? Tu plaisantes ?*

– *Du tout ! Tu m'avais dit, rappelle-toi...*

– *Non, elle peut pas me faire ça... Ah non !*

En quelques pas martiaux, Montand est devant son téléphone sur lequel il compose un numéro. Francis, les yeux en forme de points d'interrogation, le regarde médusé.

– *Allô Édith, c'est Yves… Bien, bien… Dis-moi, j'ai là Francis Lemarque qui me dit que tu lui as pris* À Paris, *tu sais, « quand un amour fleurit »… D'accord… Mais tu ne peux pas me faire ça… Parce que ça fait trois mois que je travaille dessus… Mais oui… Non, mais Francis n'est pas au courant de tout ce que je prépare, tu penses bien… Oui… Ah ben voilà… D'accord… Tu es gentille… Je vais donc… OK merci. Je t'embrasse. Ciao…*

Il raccroche et se tourne vers Lemarque passé de l'ébahissement à la pétrification sodomienne… (de la ville punie par l'Éternel.)

– *Et voilà ! Tu vois, tout s'arrange !*

« J'étais tellement sur le cul que je n'ai rien trouvé à lui dire, m'a conclu Francis, et il a enchaîné sur mes nouvelles chansons comme si de rien n'était. »

Mais l'histoire d'*À Paris* ne s'arrête pas là. Montand place la chanson dans son tour en 3e ou 4e positon et ça n'accroche pas. Bien au contraire, c'est comme un « trou » dans le récital… La salle a du mal à « repartir » derrière. Montand, qui possède au plus haut point le « contact public », songe sérieusement à « sucrer » purement et simplement la chanson dont d'ailleurs il ne voulait pas à l'origine.

C'est au cours des répétitions à l'Olympia que Coquatrix, qui lui aussi avait un sens aigu du public, dit à Montand :

– *Pourquoi tu t'obstines à mettre* À Paris *au début de ton tour, c'est une chanson de fin, elle est si forte qu'elle leur donne un coup de barre et qu'ils ont du mal à s'en remettre, mets-la en avant-dernier, juste avant* Les Feuilles mortes, *tu verras… Ça va tout changer !*

Justesse d'analyse, vérité du propos, Montand mit *À Paris*, comme Coquatrix le préconisait, en fin de programme, et la chanson passa des « chiottes » à la salle du « trône » sur les plus hauts degrés.

Traduite dans toutes les langues, la chanson bancale se tailla une place assise au soleil des disques d'or… En fin de compte, la destination que lui réservait Yves Montand lui avait porté bonheur… Normal, non ?

SACHA GUITRY ET L'AMATEUR DE CIGARILLOS

Ce jour-là, Guitry a annulé toutes ses obligations, il a donné la consigne «*je ne suis pas là*» à son majordome. *Il a rendez-vous avec Degas*, ou plus exactement avec une nature morte de Degas qu'il affectionne tout particulièrement.

Par l'intermédiaire d'une relation, il a fait appel à un restaurateur de tableaux anciens promu «meilleur ouvrier de France», que Sacha accueille avec la plus grande courtoisie.

– Je vous confie ce chef-d'œuvre auquel je tiens comme à la prunelle de mes yeux, lesquelles sont tout émues à l'idée de retrouver ses couleurs initiales bien obscurcies par l'orage des ans.

S'étant installé près du spécialiste, Guitry va passer plusieurs heures à observer les progrès du nettoyage et, comme il faut laisser sécher entre chaque opération, il va bavarder et questionner le spécialiste, le temps de savourer quelques cigarillos qu'un admirateur lui a offerts.

– Ils sont légers et subtils comme on les aime à Cuba d'où un ami me les a rapportés…

Et le temps passe et, entre chaque nouveau «séchage», Guitry partage un nouveau cigarillo que le restaurateur apprécie et déguste avec volupté.

– Ils sont vraiment très bons.

– Vous en doutiez ? Je vous avais pourtant prévenu !

Quelques heures plus tard, après plusieurs décrassages, le tableau réapparaît comme neuf sous le regard émerveillé de l'amateur d'art qu'était Guitry et comme le prouvait sa maison-musée, héritée de son célèbre père Lucien, rue Élisée-Reclus.

– Et voilà !

– C'est une merveille ! Mon Dieu, mes yeux se dessillent et je vois le tableau pour la première fois comme le légua Degas à la postérité.

Après avoir fait régler le spécialiste par son majordome, Guitry, très grand seigneur, raccompagne l'homme qui vient, sous ses yeux, de faire revivre la palette de Degas et, pour montrer son extrême satisfaction, il lui dit en tendant encore la boîte de cigarillos :

– Tenez, je vous prie...

– *Oh !*, dit le « meilleur ouvrier de France » un peu confus, *je vous en ai déjà fumé beaucoup.*

– Quelle importance... Allez, pour la route !

Convaincu en un seul mot, l'homme plonge la main et en prend une poignée. Alors, Guitry, refermant le coffret :

– Merci d'être venu de si loin !

LE TEMPS DES CERISES ET LA COMMUNE : ANACHRONISME !

«*Annie aime les sucettes – les sucettes à l'anis...*»

Lorsqu'en 1966, la chanson de Gainsbourg, interprétée par France Gall, sortit sur les ondes nationales, si 90% des auditeurs apprécièrent une charmante et innocente historiette chantée par une ingénue, 10% se gaussèrent en pensant que, lorsque «... *le sucre d'orge coule dans la gorge d'Annie...*», c'est à un tout autre «paradis» auquel Serge Gainsbourg faisait allusion dans cette chanson parfaitement «séditieuse». La «sédition» est l'art de braver l'autorité admise par des actes, des écrits, des chansons, dissimulés aux yeux de celle-ci et lisible pour ceux qui savent comprendre.

De tout temps, la sédition a couvé sous les crânes des opprimés, et la fabrication du croissant en «viennoiserie» ne rappelle-t-elle pas l'invasion turque dont les pâtissiers autrichiens voulurent se moquer ?

Sous la Restauration en 1815, les objets rappelant «*le p'tit tondu*» firent florès et j'ai eu l'occasion à la télévision de montrer des cannes dont l'extrémité tournée projetait l'ombre du visage de l'Empereur, des tabatières truquées, et je possède un sucrier d'opaline dont le bouchon-verseur s'orne d'une pointe typique, réplique du casque prussien, conçue sûrement en Alsace-Lorraine entre 1870 et 1918...

Pour revenir à la chanson, si France Gall avoue n'avoir appris, à sa grande honte, le double sens de ces «sucettes» à la Gainsbarre que beaucoup plus tard, de mon côté, j'ai entendu, retenu et chanté sans aucune retenue : « *C'est la valse brune / Des chevaliers de la lune / Chacun avec sa chacune / La dan... seu le soir...* »

Jusqu'au jour où un « vicieux », un « mal entendant » m'a ouvert les yeux sur mes oreilles... La lune ! Le brun ! Chacun sa chacune ! Le soir !

– *Ah bon ?*

– *Si !*

– *Tu crois ?*

– *Mais c'est évident... Tu es d'une naïveté !*

De même, j'ai chanté à pleine voix : « *Je veux bien, répondit Suzon / Mais j'ai les pein... in... treu, mais j'ai les pein... in... treu / Je veux bien, répondit Suzon / Mais j'ai les pein... treu... à la maison !* »

Il s'agirait en fait, là aussi, d'une certaine « indisposition » féminine passagère.

– *Non ?*

– *Mais enfin ! Les peintres ! À ton avis ?*

Toujours dans le style « salace », ce serait au cours d'une « partie fine » chez Charles Trenet qu'ayant entendu l'un des protagonistes dire « *Il tâte André à la porte du garage...* » que ce Victor Hugo de la chanson (seulement pour la chanson !) aurait écrit « *Je t'attendrai za la porteu du garageu...* »

– *Oh ?*

– *Ah ! Il en était fort capable.*

– *Ça !*

Et pourquoi pas, la gauloiserie, l'esprit grivois... bien de « chez nous ».

J'ai le souvenir d'avoir vu à la télévision Serge Reggiani, qui venait d'interpréter *Les Loups sont entrés dans Paris*, réagir de façon formelle à l'explication formulée par l'animateur :

– *Il va de soi que cette chanson évoque la montée du nazisme et de l'invasion allemande lors de la dernière guerre...*

– *Pas du tout*, interrompait Reggiani. *Je m'excuse de vous contredire, ça n'a rien à voir avec les nazis. Il s'agit de loups, de vrais loups.*

– *C'est évident*, enchaînait l'autre, *mais derrière ces loups envahisseurs, on devine la botte d'Hitler venue occuper Paris...*

– *Non*, coupait impérativement Reggiani, *je vous dis : ce sont des loups.*

– *La métaphore est pourtant lisible !*

– Y'a pas de métaphore, ce sont des loups, des loups avec des poils et des crocs…

– Vous n'allez tout de même pas me dire que l'auteur…

– Vidalie, c'est Albert Vidalie…

– Justement, cet auteur proche des Prévert, des Blondin…

– Écoutez, Vidalie me l'a dit lui-même, l'idée lui est venue quand il a entendu à la radio, voici quelques années, qu'en plein hiver des loups affamés étaient entrés dans Madrid…

Et, à partir de là, la seule réponse itérative de Reggiani fut :

– Des loups ! Ce sont des loups avec des pattes, une queue, des dents… Des loups.

Cette explication pertinente me rappelle une réflexion de Pierre Daninos qui disait en substance : « *On reproche parfois aux auteurs de faire tomber amoureux un patron de sa secrétaire, un épicier de sa factrice, un pianiste de sa tourneuse de page, un étudiant et sa prof d'anglais… Comment voulez-vous tomber amoureux d'une personne que vous ne voyez jamais ?* »

Cet aspect séditieux et subversif de certaines paroles est plus qu'évident dans une chanson qui symbolise encore aujourd'hui ce double sens voulu et concerté : *Le Temps des cerises* de Jean-Baptiste Clément.

On m'a raconté, ainsi qu'on l'a expliqué à tous les chanteurs qui l'ont reprise, même récemment comme Patrick Bruel ou Noir Désir, que *Le Temps des cerises* était une chanson écrite à la gloire des martyrs anarchistes morts lors de la Commune de Paris en 1871.

« *Quand nous chanterons le temps des cerises…* » (couleur rouge sang comme le drapeau cloué sur la croix amputée au sommet du Panthéon), « *le merle moqueur…* », « *la plaie ouverte…* », « *les gouttes de sang…* » Tout concorde avec cette épopée révolutionnaire spontanée où tout l'univers ouvrier parisien de Zola osa imaginer que la Liberté, l'Égalité et la Fraternité avaient enfin trouvé une place définitive au soleil de la démocratie. Dans cette France humiliée par l'occupation ennemie, aboutissement de 19 ans d'un régime impérial, rejeté et honni par tous ces enfants et arrière-petits-enfants des grognards du « petit tondu », dignes héritiers de la grande Révolution de 1789. Ceux qui avaient cru que le grand souffle de « *l'abolition du paupérisme* » préconisé par le Prince-Président était arrivé, enfin… Alors, à bas les nantis, à feu le palais des rois, vive le drapeau rouge. Du haut des barricades, le peuple souverain se dresse, rugissant…

Hélas, l'« ordre » venu de Versailles teinté de légalité avait brisé ce rêve. Terminé le temps des cerises, étouffés les trilles des merles moqueurs, l'ultime mur des Fédérés demeura maculé du sang de ces malheureux qui avaient cru qu'on pouvait apprivoiser la liberté en ignorant la rigueur des lois…

Quand nous chanterons le temps des cerises
Et gai rossignol, et merle moqueur
Seront tous en fête…
… Cerises d'amour aux robes pareilles
Tombant sous la feuille en gouttes de sang…
… J'aimerai toujours le temps des cerises
C'est de ce temps-là que je garde au cœur
Une plaie ouver… er… teu…
… J'aimerai toujours le temps des cerises
Et le souvenir que je garde au cœur.

Ah ! qu'en jolis mots et sur une si suave musique cette « glorieuse » pour les uns, « terrible » pour les autres, épopée fut évoquée ? Surtout quand, quelques années plus tard, Jean-Baptiste Clément, l'auteur des paroles, qui avait été sur les barricades parmi les communards, la dédicaça ainsi : « *Parce que cette chanson a couvert les lieux, j'ai tenu à la dédier à la citoyenne Louise.* »

Il ne s'agissait pas de Louise Michel comme certains l'ont cru tout d'abord, mais d'une ambulancière que Clément avait connue lors de la semaine sanglante. Pressée de quitter les lieux trop exposés, elle avait tenu à rester jusqu'au moment où une balle meurtrière la faucha à la fleur de l'âge, le dimanche 26 mai, rue de la Fontaine-au-Roi…

Dès lors, quel que soit le pouvoir en place, *Le Temps des cerises* prit un ton séditieux, pour ne pas dire frondeur. Célébrer la Commune, malgré ses horreurs (incendie des Tuileries, du château de Saint-Cloud, exécutions sommaires et autres joyeusetés), devint une forme de bravade qui, sous des paroles anodines, rendait grâce aux héros de cet épisode fort pénible de l'histoire de France (10 000 morts !).

Le Temps des cerises devint le chant d'une insurrection qui couve sous le manteau et, pendant la guerre, en 1943, j'ai le souvenir d'avoir applaudi doublement Charles Trenet qui l'avait mise à son tour de chant, à l'époque où je déchirais mon ticket de métro en forme de croix de Lorraine à la barbe de l'occupant.

Seulement voilà…

Il se trouve que si Jean-Baptiste Clément a bien dédicacé son *Temps des cerises* à une héroïne de la Commune dans les années 1875… les paroles de sa chanson furent écrites en 1866… pour célébrer un amour déçu… Un mois de mai, au « *Temps des cerises* », où les « *merles moqueurs sont en fête* » et où les cerises « *tombent sous les feuilles en gouttes de sang* »… C'est « *de ce temps-là* » que Jean-Baptiste Clément « *garde au cœur une plaie ouverte* » et font que malgré tout… « *j'aimerai toujours le temps des cerises, et le souvenir que je garde au cœur* ».

Chanson d'amour délicate et pleine de poésie qui vit le jour cinq ans avant que son auteur ne fasse le coup de feu sur les barricades des communards… Eh oui, les dates ne sauraient mentir.

Alors ? Méfiez-vous des paroles des chansons, elles peuvent, selon l'oreille que vous leur prêtez, virer du rose au rouge ou du brun au clair de lune… Et si un jour, sur une liste de titres de chansons d'antan, vous lisez qu'un certain « *Jean Lumière* » chantait « *Faisons notre bonheur nous-mêmes* », n'en déduisez pas forcément que c'est une ode à la masturbation.

LE « ROYAL » CLOCHARD D'EUROPE 1

– Non mais on peut enregistrer ma séquence ou quoi ? M…

1964, à Europe 1 sur le coup de 12h30. Je suis furieux. Comme chaque jour depuis plus d'un an, je viens enregistrer l'interview express du gagnant d'une émission quotidienne que j'anime et, dans la cabine technique, tout est perturbé par l'introduction de deux journalistes qui font asseoir un clochard dans le but évident de l'interviewer dès que j'aurai fini.

– Alors ? Qu'est-ce qu'on fait, là ? On y va ?

Le technicien me fait signe de patienter quelques instants, le temps d'asseoir ledit clochard hirsute, barbe de trois jours, costume en accordéon, borgne de surcroÎt, avec des lunettes réparées au chatterton. Une épave…

L'un des journalistes lui tend une oreille attentive et s'en va, tandis que l'autre, ayant fini d'installer le clodo, me signifie qu'il s'excuse et que je peux y aller.

Tandis qu'on appelle mon auditeur gagnant au téléphone, j'observe avec plus d'attention mon perturbateur, prostré sur sa chaise, et je constate avec surprise que la main dans laquelle il repose son front est fine et racée. Mieux, d'après ce que je peux distinguer, ses ongles sont soigneusement manucurés et une chevalière en or rutile à son auriculaire.

– On a en ligne ton gagnant, ça tourne !

La voix du technicien me ramène à mes préoccupations professionnelles et j'enregistre le bobino qui sera diffusé au cours du journal de Jacques Paoli.

Ma prestation finie, je rejoins la technique au moment où le second journaliste revient avec un plateau de bistrot sur lequel sont posés un demi de bière et un ballon de cognac...

– *Je le mets dans le studio!*

Comme mû par un aimant, le clochard s'est levé pour suivre le viatique qu'on lui apporte. Passant devant moi, j'ai la surprise de constater qu'il dégage une odeur de propre, mieux encore, de soigné.

Ayant remarqué à quel point j'étais transformé en point d'interrogation, le premier journaliste que je connais vaguement me repousse discrètement dans la cabine technique.

– *Tu sais qui c'est?*

Et, devant ma moue dubitative, il prononce un nom qui explose dans ma tête en une avalanche d'images en noir et en couleurs...

– *C'est... JOHN FORD.*

Et le journaliste de m'expliquer:

– *Nous sommes allés le chercher au Claridge à 11 heures comme convenu, dans sa chambre. Tu aurais vu le chantier, des bouteilles par terre, des fringues, des journaux. La veille au soir, il s'était rétamé dans les escaliers. C'est moi qui ai réparé ses lunettes avec ce que j'ai trouvé dans l'armoire à pharmacie... Le bordel! Il vient pour la promotion de son dernier film,* Les Cheyennes.

Scotché par la stupeur, je reste là bouche bée, regardant ce clochard s'installer à la table devant son interviewer. Avec des gestes mesurés, le clochard a bu la moitié du demi de bière pour la soif, il a versé le ballon de cognac dans le restant et a englouti la mixture d'un trait. S'approchant alors du micro, il a dit en détachant ses mots dans un français tout à fait correct:

– *Le cognac et la bière, ça explosé le dessus de le crâne.*

Et soudain, j'ai vu son œil de cyclope s'allumer comme la lanterne magique de mon grand-père. Dans cet œil, j'ai lu la désinvolture de John Wayne, la placidité d'Henry Fonda, la malice de McLaglen, les chevauchées fantastiques de Monument Valley, l'automne d'Irlande, le whisky en cruche lampé sur l'épaule, tous ces chefs-d'œuvre à plumes et à poils qui ont fait oublier leurs misères à des millions de spectateurs de la planète Terre.

Alors, sans même se reculer d'un centimètre, John Ford a émis un rot énorme, digne d'un géant, un rot à déchirer les membranes de tous les micros western du cinéma mondial et il a dit :

– *Je vous excusez-moi.*

Et l'interview a commencé.

J'ai toujours regretté de ne pas avoir demandé au technicien d'Europe, que je connaissais bien, de me mettre de côté la phrase suivie du rot monstrueux de Monsieur John Ford qui, bien sûr, avaient été coupés au montage. Coup de tonnerre incongru dans le firmament des westerns, éructation digne de Zeus, Ford, le cyclope du cinéma.

MICHEL SIMON ET L'OFFENSE AU PRINTEMPS

– *Monsieur Simon, on vous attend pour tourner…*

L'assistant metteur en scène se penche vers l'acteur, lequel, la casquette sur les yeux, lézarde dans l'herbe au soleil du printemps.

Nous sommes en avril 1939, quelque part dans le bois de Boulogne, où se tournent les « extérieurs » du film *Fric-Frac* sous la direction de Claude Autant-Lara, avec Arletty et Fernandel qui donnent la réplique à Michel Simon dans la célèbre scène de la balade à tandem.

Comme l'interpellé n'a pas bougé, l'assistant insiste en haussant le ton :

– *Monsieur Simon !*

Sortant de sa torpeur, l'acteur soulève légèrement sa casquette, laissant filtrer un regard voilé d'autant de reproches que sa voix.

– *Qu'est-ce que c'est ?*

– *Je m'excuse, on vous attend pour tourner.*

– *Qu'ils tournent sans moi ! Je n'suis pas libre !*

La réplique frappe l'assistant comme un uppercut à la pointe du menton. « *JE NE SUIS PAS LIBRE !* » Que voulez-vous ajouter à cela ? Comme, en guise de conclusion, l'acteur s'est rajusté la casquette sur le visage, retrouvant l'immobilité d'un gisant dionysien, le jeune assistant lance un regard éperdu en direction de l'équipe qui, à cent mètres de là, guette le résultat de sa mission.

C'est la mine défaite et les bras ballants d'impuissance que, quelques instants plus tard, il répond au «*Alors ?*» excédé d'Autant-Lara.

– *Il dit que vous tourniez sans lui…*

Augurant d'une de ces bonnes blagues, dont Michel Simon est coutumier, après quelques appels réitérés, Autant-Lara qui, en fait, réalise le tournage pour le compte de Maurice Lehmann, lequel signera le film, se rend près de l'acteur.

– *Michel ! On n'attend plus que toi !*

Mais, contrairement à la facétie qu'il s'attendait à dissiper par quelques arguments classiques du genre «*toute l'équipe est prête, on n'attend plus qu'toi*», ou encore «*Allez, fais pas le c…*», le jeune Autant-Lara, âgé alors de 35 ans, n'obtient pour toute réponse que des grognements ponctués de propos superfétatoires.

– *Ne troublez pas mon silence… Vous n'entendez pas les oiseaux chanter… ?*

Évidemment, le temps de tournage en extérieur étant toujours très précieux, vu les avatars de l'environnement – « *Coupez !… camion… moto… Avion… coup de vent dans le micro…* » – ou bien encore, arrivée ou départ intempestif d'un nuage devant le soleil – « *Coupez… fausse teinte !* »

Autant-Lara fit tourner quelques plans qui ne nécessitaient pas la présence de l'acteur, sourd à toute sollicitation, non sans avoir envoyé l'assistant téléphoner d'urgence à Maurice Lehmann pour l'informer de «l'incident» qui compromettait le résultat de la journée et allait nécessiter du temps supplémentaire.

– *Comment ça, il ne veut pas tourner ? Il est malade ?*

– *Non, il dit que ce serait une offense faite au printemps.*

Ce refus de travailler pour « *offense au printemps* » dut faire dans le « tiroir-crâne » du producteur un effet dévastateur que seuls les gestionnaires pourront apprécier. Une colonne de chiffres à « effet domino » propulsa Maurice Lehmann de son fauteuil directorial au siège arrière d'un taxi G7.

– *Au bois de Boulogne, c'est urgent !*

Tandis que l'équipe guettait, goguenarde, l'arrivée du patron, Michel Simon, en extase dans les pâquerettes, commentait pour la galerie chaque nouveau chant d'oiseau.

– *Ça, c'est le petit rossignol Philomèle, il se tient toujours sur les plus hautes branches des arbres, tout comme les « nanars » que vous refilent les antiquaires, toujours placés sur les étagères d'en haut… d'où le nom de «rossignols» qu'on leur donne… C'est d'ailleurs une insulte patente faite au petit musicien, dont les notes exquises ravissent ceux qui, comme moi, chantent faux, mais entendent juste…*

Le claquement sec de la portière du G7, venant de stopper dans un crissement de freins, en disait long sur la suite des événements cinématographiques non prévus par le scénario original…

– Alors, mon p'tit Michel, qu'est-ce qui se passe ? On m'apprend que vous refusez de tourner ? Dites-moi, c'est une plaisanterie ?

Et un dialogue extravagant va s'engager entre un cabot conscient du bras de fer qu'il impose à son producteur, à la vue de toute une équipe qui rigole intérieurement, et Maurice Lehmann dont la réputation de businessman est alors bien établie.

L'atout principal de l'acteur, c'est que le film est en boîte. Il a été tourné aux studios d'Épinay en deux semaines. L'histoire de *Fric-Frac* est tirée de la pièce d'Édouard Bourdet, grand succès de 1936 au théâtre de la Michodière avec Arletty et lui-même, seul Victor Boucher a été remplacé pour le film par Fernandel pour des raisons de rentabilité, Fernandel étant alors la vedette n°1 du cinéma comique français. (*Les Bleus de la marine*, *Jim la houlette*, *Ignace*, *Le Schpountz*, *Barnabé*, *Ernest le rebelle*, *Les 5 sous de Lavarède*, *François Ier*, *Raphaël le tatoué*… Les titres parlent d'eux-mêmes et, moi qui les ai tous vus à l'époque, j'en garde un souvenir des plus rigolards que l'on devait à 80% aux pitreries géniales de Fernandel.)

Lors, Maurice Lehmann, l'heureux réalisateur-producteur de plusieurs films dont, l'année précédente, *Le Ruisseau* avec Françoise Rosay et ledit Michel Simon, dont il connaît bien le caractère fantasque, va déployer tout son talent pour sauver sa «journée d'extérieur».

– Un plan, il reste un plan et vous libérez tous vos camarades… Michel, vous ne pouvez pas leur faire ça !

Alternant la diplomatie syndicaliste et les rigueurs des accords signés qui pourraient aboutir :

– … Je n'ose penser que l'on puisse aller jusqu'à la rupture de contrat ! Ce n'est ni mon genre ni le vôtre, cher Michel.

– Tiens ! Le coucou, vous avez entendu le coucou ? Quand j'étais enfant, mon grand-père disait que, si en entendant le coucou au printemps, on avait au moins 5 sous dans sa poche, c'était l'assurance d'une année de prospérité !

Et de sortir de sa poche une poignée de pièces de monnaie trouées.

– Là, vous voyez, nous allons faire un succès avec votre film !

Le temps tournait, la situation restait horizontale, Maurice Lehmann allait se lasser, lorsque le rusé comédien, sentant le moment venu de « sauver la farce » s'exclama :

– Je crois comprendre que vous tenez vraiment à ce qu'on tourne maintenant ?

– Enfin, Michel, serais-je là si… ?

– Comme d'après mon contrat je ne peux rien vous refuser.

– Je ne vous le fais pas dire.

– On va le tourner ce plan… à une petite condition.

– Accordée d'avance… Si ce n'est pas…

– Rassurez-vous, ça ne vous coûtera pas un centime et ça va tellement me détendre…

– D'accord, d'accord ! Qu'est-ce que c'est ?

Un temps, Michel s'est redressé, la tête reposant sur sa main, il plonge son regard dans celui de son producteur qui a mis un genou à terre pour plus de proximité conviviale.

– Avec vous, on peut s'attendre… Allez-y, je vous écoute.

– Vous allez me chanter « Il était un petit navire… »

Éclat de rire de Lehmann qui se redresse, soulagé.

– D'accord, d'accord. Allez, on tourne !

Simon étend sa main et lui saisit la cheville.

– Non, non ! Tout de suite… À Genève, ma grand-mère me chantait ça, et ça me détendait instantanément. J'ai besoin de me détendre.

– Allons Michel, soyons sérieux, vous n'êtes plus un enfant, on a assez perdu de temps comme ça.

Dans le grand mouvement que le producteur effectuait pour signifier à l'équipe qu'il avait gagné la partie, Lehmann s'est arrêté net, lisant dans le regard de Simon toute la détermination de l'enfant gâté qui refuse de céder. « Na ! »

– On tourne tout de suite, après…

Alors ?

Alors, après avoir exigé que toute l'équipe leur tourne le dos, dans l'attente de son retour avec l'acteur, les passants, que le hasard de leur emploi du temps fit passer au bois de Boulogne à ce moment-là, purent voir, penché sur un Michel Simon étalé dans l'herbe, un homme digne et le plus sérieux du monde chanter, penché sur lui :

– Il était t'un petit navi... reu, il était t'un petit navi... reu qui n'avait ja-ja-jamais navigué ohé ohé...

Tous les couplets y sont passés : « *les vivres qui vinrent à manquer* », « *la courte paille* », « *le sort sur le plus jeune* », « *les poissons miracles* » ohé ohé.

Alors, on a tourné le plan, sans la présence du producteur, reparti dans son taxi toute honte bue.

Ce fut la dernière collaboration du comédien et du producteur, est-il nécessaire de le préciser, ohé ohé[3] ?...

---

3. Il existe une autre version de cette même anecdote, à moins qu'il ne s'agisse d'une récidive huit ans plus tard, avec Henri Decoin, alors que celui-ci tournait *Les Amants du pont de Saint-Jean* en 1947. Michel Simon aurait, de la même façon, accepté de tourner à condition qu'on lui chantât ladite même chanson. L'assistant de Decoin s'étant dévoué, Simon se déclara insatisfait.
– Vous n'avez aucun talent de chanteur, Decoin chante mieux, lui, et s'il est un gentleman...
Connaissant le sadisme dont était capable l'acteur, Decoin serait alors venu près de lui et aurait lancé au visage de Michel Simon la chanson, « *comme on jette des pierres sur le diable à La Mecque* ».
– Il était t'un petit navi-reu...
Michel Simon aurait alors accepté de tourner non sans avoir reproché au metteur en scène sa façon d'interpréter la chanson « *... qui manquait pour le moins de courtoisie.* »
« *Bis repetita placent.* »
Michel était un fin gourmet.

LUCIEN GUITRY SOUPE AU BORDEL, FAUTE DE RESTAURANT

– Et où pourrions-nous souper après la représentation ?

– C'est là qu'est le problème, nous sommes ici dans une petite sous-préfecture et passées 11 heures…

Le directeur du Théâtre municipal, où joue ce soir-là Lucien Guitry, est au comble de l'embarras. Après 11 heures, à l'époque, dans une petite ville, tous les restaurants sont fermés et, comme il n'a pas prévu l'éventualité, il se trouve aux prises avec les sarcasmes du célèbre comédien.

– C'est incroyable, je comptais sur vous, on m'avait dit… Vous n'allez pas avoir une mort par « non-assistance nutritive » sur l'estomac !

Comme Lucien Guitry insiste, le directeur baisse le ton.

– Bien sûr, il y aurait une solution !

– Vous voyez, quand vous voulez !

La voix est devenue presque imperceptible.

– La « maison close », la patronne est très gentille et…

Voilà qui n'était pas pour rebuter le grand comédien, bien au contraire, ni lui ni les quelques camarades satellites qui lui donnaient la réplique. C'est ainsi que, sur le coup de minuit, ce soir-là, Lucien Guitry et quelques camarades se trouvent attablés au bordel local pour un souper commandé exprès par le directeur.

Extrême amabilité de l'hôtesse, Madame Fernande, galanterie de bon aloi des acteurs, les pensionnaires en « tenue de ville » sont priées de venir prendre un verre à la table de « ces messieurs ». La « maîtresse » fait les présentations.

– Mademoiselle Lulu, Mademoiselle Germaine, notre petite benjamine Rose-Pompon…

On échange des propos courtois, on barbote en pleine convivialité mondaine. Pour un peu, on se croirait dans un pensionnat de jeunes filles. Madame Fernande vante la haute tenue du personnel de son établissement, ce qui n'est pas, dit-elle, le cas de toutes les « maisons ».

– Victorine a un très joli timbre de voix et, pour nous détendre, il m'arrive de me mettre au piano et de l'accompagner… Elle chante Carmen *à ravir ! N'est-ce pas Mesdemoiselles ?*

Comment ne pas profiter de l'occasion pour demander à Victorine de démontrer que « Madame » n'abuse pas de leur crédulité ? Alors, sans se faire prier, tandis que Lucien, toujours généreux, recommande du champagne, Madame Fernande se met au piano et Victorine distille les paroles presque circonstancielles dans ce temple vénusien.

– L'amour est enfant de bohême…

À la surprise générale des auditeurs, la jeune pensionnaire chante très juste et sa diction parfaite enchante l'assistance.

Applaudissement chaleureux, Lucien se lève, congratule la jeune chanteuse, lui fait la bise du père noble.

– Bravo mademoiselle. Sincèrement bravo, vous auriez pu faire une carrière dans l'opéra, être artiste…

Alors, modestement, en baissant pudiquement les yeux, Victorine répond :

– Oh non ! Monsieur. Mes parents n'auraient jamais voulu !

LÉON ZITRONE ET LE LIBRE PASSAGE DE SA VOITURE

Un jour, dans une rue étroite près de Cognacq-Jay, un livreur arrête sa camionnette devant une boutique.

Zitrone, qui se trouve juste derrière, le klaxonne et l'interpelle alors que l'homme descend de son véhicule.

– *Monsieur, je vous prie, je suis extrêmement pressé…*

– *Moi aussi, figurez-vous*, répond le livreur en ouvrant son hayon.

– *Monsieur*, répond Léon en passant la tête, *je ne plaisante pas, je suis attendu à l'Élysée par les autorités supérieures et ne saurais être en retard. Je vous somme de me laisser libre passage…*

Sans rien perdre de son flegme, le livreur choisit son colis qu'il va porter dans la boutique sous l'œil amusé des passants, lesquels ont bien sûr reconnu « Big Léon ».

Quelques instants après, le livreur revient, ferme son hayon.

– *Voilà Monsieur Zitrone, je vous laisse libre passage. Mes amitiés au Président.*

Alors, Léon, pour ne pas perdre la face :

– *Monsieur, je vous raye de la liste de mes auditeurs !*

PAUL-ÉMILE VICTOR ET LE VENT DU PÔLE

Explorateur et homme du monde, Paul-Émile Victor, à la parole fleurie, passa de l'igloo à l'atoll sous l'œil bienveillant des médias avec un bonheur et une fureur de vivre jamais démentis.

Un jour qu'un jeune journaliste lui demande, un peu naïvement sans doute :

– *Comment sait-on qu'on est pile au pôle Nord ?*

Il répond :

– *C'est extrêmement simple, vous faites un demi-tour sur vous-même et le vent qui vous arrive sur le visage devient plus chaud parce que c'est le vent du Sud…*

CQFD.

SACHA GUITRY ET SA DOUBLURE…

Sans crier gare, Guitry se glisse un jour subrepticement dans la salle pour assister à la répétition d'une de ses pièces qui part en tournée, tandis que lui est retenu à Paris pour un film.

Ayant constaté qu'à plusieurs reprises le comédien qui joue son rôle rajoute des mots, remplace des répliques par d'autres qu'il trouve sans doute meilleures ou mieux appropriées, Guitry, à un moment, n'y tient plus. Il se dresse dans la salle et interrompt la répétition.

– *S'il vous plaît… Oui, bonjour à tous… S'il vous plaît, oui vous Monsieur, ne SAUVEZ pas ma pièce, merci !*

FRÉHEL, LA CIGALE ET…
LA BIGNOLE DE LA RUE BLANCHE

– Tiens, Jean-Paul, vous qui êtes artiste, vous voyez cette grosse dame là sur le trottoir, c'est la concierge d'à côté, vous la reconnaissez ?

Comme la grosse dame est de dos en train de discuter avec un tiers, je fais remarquer que ce faciès-là ne me dit rien.

– Si, vous la connaissez sûrement, elle a eu son heure de gloire.

– Et elle est concierge ?

– L'immeuble au-dessus du bistrot.

À l'époque, pour faire bouillir la marmite familiale, entre deux cachetons, je suis présseur à mi-temps dans une teinturerie en haut de la rue Blanche.

– Elle a été chanteuse…

Comme, à ce moment, la grosse dame tourne son visage vers nous, une scène de film s'illumine dans mon souvenir : Jean Gabin d'avant-guerre, au bistrot, avec une dame qui écoute un disque sur un phono à pavillon…

– Fréhel !

– Vous voyez que vous la connaissez !

Un flot de chansons tinte à mes oreilles, « *C'est la java bleue* », « *Tel qu'il est, il me plaît* », « *Où sont-ils tous mes r'pas sans galette, avec un cornet d'frites à deux ronds ?…* »

Dans *Pépé le Moko*, Duvivier avait eu l'idée en 1937 de la faire s'écouter, déjà vieillie et empâtée, bien qu'elle n'ait eu à l'époque qu'à peine 50 ans.

La voir là, « concierge », me fait mal aux lauriers que j'espère conquérir un jour. Il faut préciser qu'à l'époque, les loges des immeubles parisiens étaient tenues généralement par des couples échoués là, faute de pire. On les surnommait « bignoles », « pipelettes », et ils étaient corvéables à merci. Il existait encore des immeubles où, après 10 heures du soir, on devait, en passant devant la « loge », prononcer distinctement son nom, alors que le « cordon s'il vous plaît » actionné par la concierge avait disparu depuis des années déjà.

Fréhel ? Concierge ! Quelle dégringolade. Quelle fatalité l'a menée si bas après avoir brillé si haut ?

Quelques semaines plus tard, arrivé en avance, je vais prendre un café au bistrot d'à côté la teinturerie, lorsqu'elle entre, hirsute dans un peignoir en laine des Pyrénées et charentaises aux pieds.

– *Salut tout l'monde !*

– *Tiens, voilà Madame Marguerite*, s'esclaffe le garçon en pleine plonge, *comment ça va t'y c'matin la marquise ?*

– *Si on te l'demande, tu diras qu'tu n'en sais rien…* et, tournant vers moi ses yeux bleus délavés par le « grand large », elle ajoute : *Aujourd'hui, la jeunesse ne respecte que dalle cher Monsieur, v'là un môme, on lui presserait sur le nez qu'il en sortirait du p'tit lait… Riez pas Monsieur, c'est un signe de la décadence des temps…*

Et comme à l'habitude, le garçon lui a servi illico presto un « p'tit blanc ». Elle aspire le dessus de son verre dans un gargouillis d'épouvante, le lampe d'un trait, puis le repose cul sec.

– *Même motif, même punition.*

– *Pour l'équilibre !*, rigole le serveur, remplissant le second motif.

– *Ta gueule loufiat*, enchaîne la grosse dame, *occupe-toi d'tes miches. Ça sait pas à qui ça cause que c'est un malheur, voyez-vous Monsieur.*

La porte du bistrot s'entrouvre. Un homme dans la cinquantaine, vêtu de beau, passe un crâne soigneusement gominé façon Henri Garat.

– *Maggy ! Le petit déjeuner est servi !*

Sans même tourner la tête vers l'arrivant, Fréhel grommelle, levant les yeux au ciel.

– Fait ch… celui-là !

– Je vous attends ! Messieurs, bonne journée.

L'homme repart comme il était venu, l'ex-chanteuse lampe son second verre d'un trait, s'essuie les lèvres d'un revers de tissu des Pyrénées.

– Tu mets ça sur mon actif, petit…

Elle plante sur moi ses yeux qui firent, dit-on, des ravages dans la faune et la flore masculine de la belle époque.

– On s'connaît ?

– Il travaille à la teinturerie d'à côté, dit le garçon avec lequel j'ai eu l'occasion d'échanger quelques propos de voisinage sur le pas de la porte.

– Alors Messieurs, à la r'voyure !

Je suis du regard la « sortie » de cette grande dame de la scène qui traîne ses charentaises sous un tonnerre d'applaudissements qui éclate dans ma tête comme une salve d'honneur à l'enterrement d'un grand soldat.

– Je n'ai pas rêvé, le Monsieur lui dit vous ?

Les mains noyées dans son bac, le serveur lève sur moi un regard qui en dit long sur l'estime qu'il attache à l'ex-chanteuse.

– Oui, à c'qu'on dit, c'est un aristo qu'a tout plaqué pour la suivre, elle l'appelle Arsène… Monsieur Arsène le bignole d'à côté, quelle déconfiture, pauvre monde…

Je m'étais promis d'en savoir plus, mais la vie qui galope m'apprit quelques mois plus tard, alors que j'avais quitté la teinturerie pour entrer dans l'équipe de Jacques Antoine, que Fréhel était morte… Elle n'avait que 62 ans !

« *Tous les jours, pour moi, c'était dimanche ! Où sont-ils les amis, les copains ?… Où sont-ils donc ?…* »

ELVIRE POPESCO
ET LE DOUANIER DÉLICAT

Grande dame du théâtre s'il en fut pendant 50 ans, Elvire Popesco, « locomotive » pendant des lustres des auteurs à succès (Verneuil, Deval, Roussin), sut toujours garder un sens inné de l'élégance jusque sur ses passeports où, ayant dépassé la ...antaine, elle faisait apposer une photo de sa quarantaine triomphante.

Un jour, alors qu'elle revenait de Belgique, un douanier français, un peu moins... ou un peu plus... que les autres, regarde le passeport, la dévisage et, sans la moindre hésitation, lui demande d'un ton où la surprise n'avait d'égal que le doute, voire la suspicion :

– *C'est vous ça ?*

Et, comme il n'obtient qu'un silence hautement réprobatif, il réitère sa demande d'une voix administrativement exacerbée :

– *C'est vous ça ?*

Alors, avec cet accent « extrrraorrrdinaire » qui avait fait son succès, la « cousine de Varsovie » eut cette réponse sublime qui résume toute une vie :

– *Vous voyez, le voyage... ça fatigue...*

RIKA ZARAÏ ET JACQUES BREL À L'OLYMPIA

Le trac est la bête noire des gens du spectacle. Je ne sais plus qui disait « *Tous les acteurs connaissent le trac sauf ceux qui sont des menteurs...* » Les chanteurs n'échappent pas à la règle et Brel était tellement traqueur qu'avant chaque spectacle, il « d... tripes et boyaux. » C'est de notoriété interdite au public.

La loge de la vedette de l'Olympia donnait directement sur la scène et, en cette année 1963, c'est le grand Brel qui l'occupe, assurant la seconde partie avec, entre autres, *Les Bourgeois* et *Vesoul.*

Pour la première partie a été programmée en vedette, dite américaine, Rika Zaraï dont Brel apprécie la voix et la diction, sans parler bien sûr du choix des chansons. De plus, le parcours de cette Israélienne, sergent-chef dans l'armée, ne le laisse pas indifférent.

C'est maintenant la fin de la première partie avec l'annonce de Rika Zaraï par Suzanne Gabriello.

Applaudissements, l'orchestre attaque l'intro, et là... silence total... Rika, paralysée par le trac, est devenue muette, bouche entrouverte, tétanisée. Un temps, le chef d'orchestre, surpris lui aussi, fait signe à ses musiciens.

– *Un temps pour rien... On reprend à l'intro...*

Dans sa loge, Brel, en vieux routier qu'il est, a tout compris. Le silence qui bloque une salle archipleine, laquelle, elle aussi, voit qu'il se passe quelque chose d'inhabituel… Le trou noir… Le moment où l'artiste voudrait se volatiliser dans les airs, disparaître comme une bulle de savon au contact du doigt…

D'un bond, Brel court sur la scène derrière le rideau de fond. L'orchestre reprend son intro.

Alors, d'une voix ferme, en mi-teinte, mais suffisamment fort pour que Rika entende, il dit :

– *Chante, mon p'tit soldat ! Chante…*

Et elle a chanté…

En nous racontant l'anecdote, Rika en avait encore les larmes aux yeux. À quoi ça tient une carrière !

MARK TWAIN ET LE CHIEN DES PAUVRES

Mark Twain, célèbre journaliste-écrivain-humoriste américain mort en 1910 à 74 ans, fut renommé pour son humour noir. Il racontait :

« Vivait alors dans le Connecticut une famille si pauvre, si pauvre, si démunie de tout, si affamée qu'un jour, ils se trouvèrent dans l'obligation de manger leur chien Dicky…

À la fin du repas, devant les os qui restaient dans leurs assiettes, le père soupira longuement et dit :

– *Ah ! Si Dicky était là, comme il se serait régalé !* »

TINO ROSSI ET LE PARKING GEORGE V

– *Monsieur Tino Rossi, vous allez bien nous faire l'honneur d'étrenner notre « livre d'or » ?*

Un verre de champagne à la main, je regarde d'un œil amusé tout le « cirque » que fait Tino pour échapper à cette « corvée » qui lui tombe dessus, telle une mouche sur du « brocciu ».

Comme le livre lui est tendu, ouvert à la première page, il évoque d'abord le fait qu'il n'a pas de stylo… Tout sourires, son vis-à-vis lui en tend un. L'ayant pris, Tino fait signe qu'il ne peut pas écrire comme ça, debout… En bousculant quelques ruminants endimanchés, les organisateurs le font s'approcher d'une table dont on repousse plateaux et bouteilles. L'air toujours perplexe du chanteur les fait dire :

– *Une chaise, donnez une chaise.*

Sans ménagements, une dame d'un âge certain est priée de lever son séant, ce qu'elle fait de mauvaise grâce, non sans avoir piqué deux ou trois petits fours compensatoires.

Assis de face au « livre d'or », Tino, toujours en réserve passive, jauge la pointe Bic qu'on lui a donnée avec une certaine circonspection…

– *C'est tout ce que vous avez à me prêter ?*

Qu'à cela ne tienne, l'un des « ténors » qui l'encadrent sort de sa poche un vrai « big stylo Parker » ou Waterman dont il dévisse l'embout ventru qu'il ajuste à l'extrémité, lui tendant une plume en or digne du traité de Versailles.

Cette fois, il devient impossible à l'Empereur du Disque de se dérober. Le « livre d'or » bien stable tenu grand ouvert à la première page n'attend plus que le mot d'à propos et la signature de l'invité vedette.

Nous sommes fin des années 1960 et c'est l'inauguration du parking George V qui a immobilisé la célèbre avenue pendant des mois. Nous avions, alors, nos bureaux dans l'immeuble du Poste Parisien au-dessus du cinéma Le Normandie, dont la transformation a créé le nouveau Lido. Des fenêtres de mon bureau, nous avions assisté au fil des jours au percement, au terrassement, au bétonnage, aux apparitions étage après étage de ce qui aujourd'hui permet d'accéder à la plus belle avenue du monde sans problème majeur de stationnement.

Après ces mois de nuisances urbaines, il était normal que nous ayons été priés d'assister à l'inauguration officielle, au même titre que Tino Rossi, lui aussi témoin oculaire, habitué qu'il était du Fouquet's situé à l'angle desdites avenues, Champs-Élysées, George V.

Ayant dégusté quelques petits fours et m'étant rincé la dalle de béton armé au champagne, j'eus droit, à mon tour, au traditionnel « *Monsieur Rouland, vous n'oubliez pas avant de partir de signer…* ».

Ce que je fis, avec toujours en mémoire deux phrases lues au hasard de ces livres plus ou moins illisibles, car gribouillés généralement à la fin d'un bon repas et surtout sans aucun intérêt ni pour les uns ni pour les autres.

La première phrase est de Francis Blanche :

– *Le livre d'or… Ne le réveillons pas !*

La seconde, je l'ai lue je ne sais plus où mais je ne l'ai jamais oubliée :

– *Ce livre est un cimetière, on y rencontre beaucoup de noms que l'on ne connaît pas. J'y ajoute une croix de plus…* Signé *X.*

Évidemment, avant d'immortaliser ma pensée occasionnelle, je ne résistai pas à l'envie de regarder ce qu'avait écrit mon illustre devancier corse, après avoir savouré son numéro préambulatoire… Ce que j'y lus me plongea dans un rire intérieur difficile à contenir sous un sourire.

Tino avait écrit textuellement cette phrase lapidaire :

– *Quelle bonne idée votre souterrain !* Signé *Tino Rossi.*

Pendant longtemps, nous avons beaucoup ri devant ce langage totalement suranné, voire obsolète, qui cadrait bien avec le costume trois-pièces bleu Méditerranée du « *chanteur guimauve* » ou « *Tino Rassis* » comme l'appelaient ses détracteurs.

Et puis, un jour, la lumière s'est faite dans mon esprit devant l'apparente ingéniosité du propos. Cette réticence, voire aversion, pour signer en premier, et le tout pour arriver à cette phrase presque misérable, n'était là que pour masquer son véritable souci, tout à fait normal à l'époque.

IL NE SAVAIT PAS COMMENT ÉCRIRE PARKING…

Lui seul aurait pu dire si j'ai vu juste, mais si d'aventure vous avez entre les mains le « livre d'or » du parking George V, rappelez-vous qu'aujourd'hui plus que jamais, à Paris, un parking digne de ce nom, c'est quand même un souterrain…

MARGUERITE MORENO, LA FOLLE DE CHAILLOT À LA DENT DURE

Un jour que j'avais notre teckel dans les bras et que je la présentais à Charles Trenet, « *Charles, permettez-moi de vous présenter Nana !* », en lui donnant une caresse, il dit : « *Mais c'est la fille de Marguerite Moreno.* » Il est vrai qu'« à vue de nez », l'appendice nasal de la célèbre comédienne n'avait rien à envier à celui de ces chiens dont le museau s'est allongé pour mieux détecter la route du casse-croûte.

Marguerite Moreno fut la muse de Mallarmé et l'amie de Colette avec laquelle elle partagea, dit-on, ses goûts saphiques. Elle a laissé des traces de son talent au cinéma où elle fut en 1934 une Thénardier Misérable à souhait aux côtés de Charles Dullin, Harry Baur y incarnant un Jean Valjean des plus authentiques. Quelques années plus tard, Marguerite Moreno fut, auprès de Sacha Guitry, l'épouse anglaise du maréchal Cambronne. Pour ce faire, elle avait adopté un accent « moldavo-auvergnat » des plus ahurissants qui soit… Marguerite Moreno conclut brillamment sa carrière après guerre, en créant au théâtre *La Folle de Chaillot* de Giraudoux aux côtés d'un Louis Jouvet parlant plus que jamais par rafales.

Elle avait l'esprit mordant et la dent dure. Un jour qu'elle passait en taxi avec une amie devant un théâtre où une queue impressionnante attendait l'ouverture,

– *Ce n'est pas là que joue Paulay ?*, demanda Moreno.

– Si, mais il est mort hier, tu ne sais pas ?

– Non, mais eux, ils l'ont su, la preuve…

Elle racontait qu'un jour des années 1930 :

« Ce matin, je me rends à mon kiosque à journaux du coin de la rue. Je demande L'Intran… *On me le donne et je lis en titre :* "Mussolini serait-il reçu par Hitler à Berlin ?" *Un peu plus bas à gauche :* "Star Pike va-t-il gagner le grand prix de Paris ?" *J'ouvre le journal éditorial :* "Crise prochaine en Angleterre ?" *En bas à gauche :* "La noyée du Pont de l'Alma a-t-elle été assassinée ?" *J'ai refermé le journal que j'ai rendu au marchand : Et ils me demandent tout ça à moi ? Qu'est-ce que vous voulez que j'en sache ? Vous pouvez le garder votre journal ! Quand ils auront les réponses, faites-moi signe, je passe là tous les matins… »*

Marguerite Moreno joua au théâtre de la Michodière le rôle de la vieille comtesse slave du *Sexe faible* d'Édouard Bourdet, en 1929.

Dans la célèbre scène où la vieille dame « portant belle » s'enquiert auprès du maître d'hôtel de ce que disait d'elle un gigolo incarné alors par Pierre Brasseur :

La comtesse – Et quel âge me donnait-il, ce jeune homme ?

Antoine (incarné par Victor Boucher) hésite, embarrassé :

– Heu ! Il disait trente… Je disais quarante…

La comtesse (ravie) :

– C'est vous qui êtes dans le vrai…

Un journaliste demandait un jour à la grande comédienne :

– Et le trac ? Vous avez le trac ?

– Tout le temps. Ça ne me quitte jamais.

– Comment ça ?, s'étonne l'autre. *Ne me dites pas que maintenant, ici, en ce moment… ?*

– Je répète pour ce soir !

Rires, et Marguerite Moreno de conclure :

– Voyez-vous Monsieur, le trac, même si un comédien ne l'a pas, il a tellement peur de l'avoir que ça finit par le lui donner.

JEAN TRANCÈNE, ROI DES PHALLOCRATES ORGANISÉS

– *Qu'est-ce que tu fais ? Tu occupes la salle de bains tout de suite ou c'est moi qui commence ?*

Et sans laisser le temps à (*disons*) Janet de répondre, (*disons*) Jean d'enchaîner :

– *C'est mieux que ce soit moi, tu vas pouvoir encore dormir après cette nuit de «java»*...

Comment contredire ce galant homme qui, la veille au soir, après l'émission de télé où il venait de démontrer tous ses talents, l'avait conviée si gentiment à souper, puis l'avait emmenée chez lui prendre un dernier verre...

Il fallait maintenant accepter la suite logique de ce « corps-à-corps » entre Jean Trancène, grande vedette de la chanson, et Janet, la p'tite danseuse qui, dans son for intérieur, espérait que cette nuit passée entre ses bras vigoureux ne resterait pas sans lendemain...

Rêve magique de toute débutante, devenir la « petite amie » puis l'égérie, voire l'épouse, d'un grand nom du spectacle. L'histoire du music-hall est remplie de noms d'artistes, lesquels, après avoir connu des étreintes plus ou moins fugitives, sont devenus des vedettes à part entière. Gabin, Chevalier, Guétary n'ont-ils pas été les « boys frétillants » de Mistinguett ? Montand, Pills, Meurisse ont fait partie de la collection d'Édith Piaf.

Pour les femmes, c'est plus difficile à déterminer, mais la Miss et la Môme Piaf n'avaient-elles pas elles-mêmes été introduites dans le métier par des personnalités dont la concupiscence n'était un secret pour personne.

Tandis que Janet retourne cet avenir doré dans sa tête, qui se résume d'ailleurs en une seule question : « *Et maintenant ?* », un bruit insolite s'ajoute au silence relatif de la chambre, troublé seulement par l'eau qui remplit la baignoire de la salle de bains… On introduit une clé dans la serrure.

Janet s'est dressée sur le lit, ramenant d'instinct le drap sur sa juvénile nudité, les clés ne sont pas restées sur la serrure qui reste libre… Alors, la porte s'ouvre toute grande, puis se claque derrière une silhouette qui se dirige vers la fenêtre d'un pas martial.

Dans une déchirure d'anneaux sur la tringle, la lumière aveuglante du grand jour inonde les lieux tandis qu'une voix féminine s'adresse à Janet pétrifiée.

– *Bonjour mon petit, je suis Madame Trancène, j'ai horreur des histoires et déteste les explications, vous avez cinq minutes pour quitter la chambre… Voici de l'argent pour votre taxi. Inutile de déranger mon mari, il est coutumier du fait… Je ne saurais d'ailleurs lui en vouloir, vous êtes charmante.*

Ce disant, la dame a posé un billet plié en quatre sur la commode, d'une main experte elle balance les vêtements et les chaussures de Janet sur le lit.

– *Voilà. Adieu mon p'tit !*

Et elle sort comme elle est entrée, fermant doucement, mais avec soin, la porte derrière elle.

C'est Madame Trancène elle-même qui s'est vantée du procédé mis au point à une amie comédienne laquelle se plaignait des incartades de son mari…

Celle-ci, choquée, voire même outrée, m'a confié l'anecdote que la dame concluait ainsi :

– *Ce petit studio quelques étages au-dessous de notre appartement me revient aussi cher que s'il avait une maîtresse, mais que de soucis en moins…*

Bien sûr, au Moyen Âge, le « droit de cuissage » était de rigueur. Chez Molière, le petit chat d'Agnès était réservé à son tuteur, la fille de Monsieur Perrichon devait obéir au choix matrimonial de son père…

Aujourd'hui, un procédé aussi ignoble serait dénoncé par les médias et son auteur y perdrait sa réputation et son crédit, comme ce fut le cas à

New York récemment pour un homme qui sans cette, disons, « péripétie » serait aujourd'hui notre président de la République…

Le fait de vivre depuis plus de cinquante ans dans la joie et le bonheur avec la FDMV me permet sans doute d'être un féministe conscient et ravi des droits conquis par les femmes depuis les années 1930…

Entre ma grand-mère contrainte de porter un voile noir jusqu'aux genoux pendant de longs mois après son veuvage et le bronzage intégral sur bon nombre de plages, Ève a retrouvé peu à peu le paradis dont son mari, déjà un peu macho, avait partagé la faute originelle.

– *Tu as vu comme elle est belle cette pomme, mon chéri ?*

– *Oui, mais tu sais bien que ça nous est défendu.*

– *De toute façon, je n'ai pas le bras assez long pour la cueillir… Tu pourrais, toi ?*

La suite s'est traduite par la culpabilisation de la femme dont le rôle nature est pourtant de choisir son mâle parmi tous ceux qui exécutent des luttes ou des parades prénuptiales inimaginables comme nous en montrent les films documentaires de Dame Télévision, la plus grande voyeuse de la planète Terre.

Quant au nom du macho sexiste de cette misérable histoire, permettez-moi de le taire, ça n'ajouterait ni n'enlèverait rien à sa renommée, laquelle, sur le plan professionnel, reste exceptionnelle. La meilleure des preuves c'est, qu'après sa mort, son nom est venu s'inscrire sur la façade d'un immeuble d'une des plus belles places de Paris.

LA « GRANDE DUDUCHE » AVEC UN « N » COMME NAÏVETÉ

– Sur la qualité de la bague elle-même, j'ai honte de m'être laissé avoir... Quelques semaines après l'avoir achetée, le verre incrusté se décollait et le laiton noircissait !

Cet aveu même de la bouche de l'accusée au procès résume parfaitement toute l'ambiguïté du drame humain vécu par cette malheureuse Danièle Gilbert lorsque, le 6 septembre 1989, au petit matin, la police s'en vint la cueillir à son domicile de Boulogne au motif « *d'exploitation mercantile de la crédulité humaine* »...

La première victime en était elle-même, qui n'avait prêté aucune mauvaise intention, bien au contraire, en vantant les mérites de cette « bague de Ré » acquise au départ chez les parents d'un producteur de la télévision féru d'ésotérisme.

Passant outre cet aspect pacotille de la bague, c'était le symbole protecteur gravé dessus qui avait fait son office, en la sauvant miraculeusement d'un accident de voiture quelques semaines après l'avoir mise à son doigt.

Mieux, alors qu'à l'époque, elle rongeait son frein en « *faisant des ménages* » dans les grandes surfaces, privée de « *dessert de télé* » par la gauche en 1981, *Lui*, magazine fameux pour ses « *nus célèbres* », va lui consacrer un numéro et Tout-Paris en parle...

– Encore un bienfait à l'actif de cette bague magique !

C'est à la suite de ce reportage dans *Lui*, où l'on voit sa bague protectrice, qu'un « malin » flairant la belle affaire la contacte bientôt.

– *Pourquoi ne pas faire profiter au public qui vous aime des bienfaits et du pouvoir bénéfique de cette bague de Ré qui vous porte bonheur ?*

N'y voyant là qu'une nouvelle manifestation de la puissance magique des signes gravés sur l'objet, elle, que l'argent n'intéresse que pour être dépensé, principalement au bénéfice de ses proches, accepte tout naturellement la proposition.

Mise sous contrat par le promoteur avisé, elle explique à qui veut l'entendre que cette « bague d'Atlante ou de Ré » fut découverte en 1860 dans la vallée des Rois par un certain marquis d'Agrain, égyptologue distingué. Selon la tradition (?), elle aurait été conçue par les Atlantes il y a des milliers d'années, lesquels en avaient refilé le secret aux pharaons avant que leur civilisation ne disparaisse dans les sables de l'Histoire.

En grès d'Assouan, la bague originale portait une série de figures géométriques censées immuniser et protéger son porteur de moult dangers et périls aussi violents que variés.

La preuve de son efficacité en fut fournie en 1922 lors de la découverte du tombeau de Toutankhamon, fils du Soleil et Seigneur des deux Mondes, par Howard Carter et Lord Carnarvon, lesquels, malgré l'inscription inscrite à l'entrée : « *Les ailes de la Mort toucheront celui qui violera le repos éternel du Pharaon* », mettront à jour le trésor.

Or, dans l'année qui suivra cette découverte exceptionnelle, tous ceux qui participèrent à cette violation, de près ou de plus loin, soit en tout 18 personnes dont Lord Carnarvon lui-même, mourront dans des conditions plus ou moins étranges…

TOUS… sauf Howard Carter, pourtant responsable n°1 du viol, qui mourra de sa belle mort dix-sept ans plus tard, momifié de gloire et cousu d'or.

Lorsqu'on lui demandait comment il avait pu échapper à la « *malédiction de Toutankhamon* », il répondait inlassablement :

– *Je possède un talisman qui me protège.*

Or, le marquis d'Agrain lui avait fait cadeau d'une copie de la fameuse « bague d'Atlante ou de Ré » quelques années avant la découverte du fameux tombeau. Quelle meilleure preuve de l'efficacité d'une bague aux inscriptions magiques voulez-vous trouver ?

Comment voulez-vous que, dans ces conditions, « la DG » qui venait d'échapper à la mort et avait retrouvé gloire et fortune après acquisition de ladite bague, ne croie pas mordicus en son pouvoir ?

Comment voulez-vous l'empêcher de vouloir en faire profiter un public qui lui témoignait à chaque instant une sympathie, pour ne pas dire une affection, des plus remarquables ?

Lui conseiller la prudence, c'était comme tenter de dissuader un pèlerin de donner du feu au cierge de son voisin à Lourdes ou à Lisieux.

LAS ! C'était compter sans la venue d'un juge d'instruction en veine de renommée, lequel, sous prétexte d'une acheteuse de la bague de Ré « non satisfaite » et « non remboursée », la convoqua « manu poliçari » par avion à Grasse.

Ce même juge d'instruction, Jean-Pierre Murciano pour ne pas le nommer, avait déjà tenté de « *coincer* » Guy Lux, lequel, plus malin, avait réussi à passer au travers des mailles de la justice pour une affaire presque similaire. Les rêves de revanche existent-ils chez les officiers de justice ?

La « honte » de cette histoire, c'est que la DG se rendit au rendez-vous de M. le Juge en toute sérénité, « cotillon simple et souliers plats », simple aller et retour dans la journée…

Je t'en fiche. Incarcérée sur-le-champ, le soir même, elle dort en prison en compagnie de la faune habituelle de ces lieux, au même titre que les trafiquantes, les droguées, les prostituées, les voleuses et autres fines fleurs de la société.

Le chef d'accusation pourrait se résumer de la sorte : « Escroquerie et publicité mensongère ayant occasionné la vente de 360 000 bagues… produisant un chiffre d'affaires de près de 80 millions de francs pour les "Éditions et Publications Rennie" lesquelles avaient versé à DG des royalties largement au-dessus du denier du culte !

Il faut préciser que la société qui l'avait prise sous son aile d'aigrefin n'avait pas lésiné non plus sur la promotion. En 18 mois, 150 parutions dans 37 magazines triés sur le volet de la spécification d'un public crédule à point. 150 placards !

Et voilà donc notre DG en prison, malgré sa bague de Ré au doigt, une autre que le premier modèle bien sûr, en pur argent celle-là, pour ne pas troubler les ondes bénéfiques… ondes qui, pourtant, venaient de lui faire singulièrement défaut.

Dans cet univers carcéral de Grasse, c'est l'effervescence et le tam-tam chinois à tous les barreaux.

– *Danièle Gilbert est dans la cellule 32 !*

– *Gilbert ? Celle de la télé ?*

– *Oui, la grande Duduche de Jacques Martin.*

– *Qu'est-ce qu'elle a fait ?*

– *Elle a refilé des fausses bagues à des caves…*

Des caves ! Quelle descente aux enfers…

La solidarité féminine est une chose extraordinaire. Nous en avons eu la preuve en maintes occasions, ne serait-ce qu'à la Libération où la mode parisienne relança le turban qui cachait les cheveux… permettant ainsi aux infortunées « femmes tondues » de retrouver la dignité en attendant que « ça repousse »…

À la prison de Grasse, ce fut pareil, c'est à qui serait aux petits soins pour cette infortunée DG, et j'ai dans le souvenir la vision d'une table de ping-pong pliable, sur roulettes, afin de pouvoir être transportée facilement. Cette table, pliée en hauteur, poussée et tirée par des détenues tout le long de la cour, permettait à la célèbre détenue de prendre l'air et de faire un peu d'exercice, dissimulée et invisible aux objectifs des paparazzis à l'affût sur tous les toits environnants… Quelle belle image !

Notre pauvre DG va rester une semaine en prison, une semaine de honte pour la justice condamnant la candeur et la liberté de croire… comme si toutes les personnes qui brûlent des cierges ou de l'encens, se mettent le front contre un tapis ou collent un papier d'or sur une statue étaient les victimes des promoteurs de miracles qui vivent à l'aise dans leur habitation à Lourdes, La Mecque, Jérusalem ou Angkor…

Après des procès et appels divers, la justice trouva un biais pour clore cette lamentable histoire de relique Atlante. En 1991, le tribunal de Grasse condamna la société exploitante pour « *escroquerie fondée sur une publicité obsédante* » (???) à une lourde amende.

La DG, qui mit, au cours de son procès, les rieurs de son côté en parlant des 8 jours qu'elle « *avait passés au couvent* » sans jamais prononcer le mot « prison », écopa de 6 mois avec sursis.

Lamentable affaire à mettre dans le « sac de nœuds gordiens » attaché au fléau de notre justice, qui a tendance parfois à pencher du mauvais côté.

SYLVIA MONFORT, MESSAGE POST-MORTEM

« *Sylvia Monfort a la taille exquise d'un sablier, et le sable blond de ses cheveux s'écoule doucement vers son ventre où toutes les actrices de talent puisent leur génie.* »

Jean Cocteau ne pouvait pas mieux définir cette grande dame du théâtre qui a associé son talent et son nom avec ceux des Vilar, Gérard Philipe, Maurice Clavel, Le Chanois, Cocteau, Leonor Fini, Gabin, Alain Decaux, Jean Danet, Alexis Gruss et toute une pléiade de gens du spectacle. Sylvia Montfort rendit son âme à Dionysos, dieu de la nature et des arts, le 30 mars 1991.

Alors que le théâtre qui porte aujourd'hui son nom était en pleine construction, elle vendit pour 1 franc symbolique son chapiteau à la ville du Chesnay, près de Versailles, dont j'étais alors maire adjoint à la Culture. (Aujourd'hui, ce chapiteau est dans le fief d'Alexis Gruss.)

Son décès fut l'occasion pour Philippe Brillault, notre maire à tous au Chesnay, d'organiser un gala pour honorer sa mémoire, avec l'accord et l'aide de Pierre Gruneberg, mari de Sylvia et homme de sa vie.

Alors que j'organisais cette prestation, conçue autour des témoignages effectifs de Jean Marais, Jean d'Ormesson, Jean Danet, Alain Decaux et d'autres, j'eus, à un moment, l'occasion de téléphoner à Pierre Gruneberg qui m'avait donné bien sûr le numéro du domicile parisien où il habitait avec Sylvia.

Après quelques sonneries, quelle ne fut pas ma surprise d'entendre, alors que le répondeur se déclenchait, la voix si caractéristique de Sylvia Monfort, laquelle, après le classique « *nous sommes absents pour le moment mais…* », terminait par cette phrase pour le moins inquiétante…

… *À très bientôt !*

À très bientôt !…

Il est des incitations qu'il vaut mieux décliner, arguant que, finalement, on n'est « *pas du tout pressés* »… C'est ce que j'ai fait poliment avant de raccrocher.

YVES MONTAND ET LES « GOSSES » DU QUÉBEC

« *Bal, petit bal où l'on s'est connus, souviens-toi…* »

Ce soir-là, Montand, en pleine forme, tient l'assistance sous son charme comme il a coutume de le faire lors de son « tour ».

Nous sommes au Québec, et le public francophone apprécie mieux que personne le phrasé impeccable du « cousin Yves ».

Il faut avouer qu'à cette époque, pas si lointaine, la qualité n°1 d'un artiste chanteur ou comédien était l'articulation. Chaque mot, chaque phrase était dite pour être entendue et comprise. Qui n'a ouï « *Un fiacre allait trottinant* » distillé par Yvette Guilbert ne peut comprendre le succès des grands noms d'autrefois associés à des tubes encore dans l'air… « *Longtemps, longtemps, longtemps après que les poètes ont disparu…* »

Donc, ce soir-là, Yves Montand, au Québec, poursuit son tour devant un public conquis par la qualité du chanteur français.

… Ah, mes amis, ce fut une belle no… ceu
Le patron et ses six goss'… eu
Étaient venus en caros… seu

Alors là, sans aucune raison apparente, la salle glousse de rire, pour ne pas dire qu'elle s'esclaffe, ce qui est lisible sur les visages rigolards des spectateurs des premiers rangs…

Rien de pire pour un chanteur en pleine action. Que se passe-t-il ? Mon pantalon a craqué ? Un musicien a fait tomber son instrument ? Un rideau, ondulant, est venu coiffer son chef d'orchestre Bob Castella ? Lorsque le public rit, il y a une cause... Tout en poursuivant sa prestation, Montand jette un regard circulaire discret et croise l'œil de Castella au piano... Interrogation muette :

– *Qu'est-ce qui se passe ?*

– *Je n'sais pas... Rien !*

... et pour nous deux
Deux vieux musiciens
Paresseux...

Rassuré, mais pas satisfait, Yves poursuit sa chanson, écrite pour lui par Francis Lemarque, et revient au refrain.

... Ah, mes amis, ce fu-tu-neu-bé-leu-no-ceu
Le patron et ses six go... sseu...

Et là, franche rigolade. Si le premier éclat avait été larvé, cette fois un déferlement de rires emplit la salle au point de couvrir la voix du chanteur qui termine, malgré tout, la chanson dans une gaieté tout aussi incompréhensible que suspecte.

Applaudissements chaleureux. Montand, au comble de la perplexité, fait une fausse sortie et, les yeux en forme de points d'interrogation, s'adresse à l'imprésario québécois qui suit le spectacle en coulisse.

– *Qu'est-ce qui se passe là ?*

Alors, celui-ci, affichant un sourire aussi large que l'éclat de rire des spectateurs :

– *Chez nous, les « gosses », vulgairement, ce sont les... couilles !*

– *Non ?*

Montand est revenu en scène l'œil rigolard, il a attendu que les applaudissements cessent et, avec cet air de profond sous-entendu qu'il savait si bien adopter dans certaines circonstances, a dit :

– *Je viens d'apprendre pour les gosses... Évidemment, même à Paris, pour un patron, six, ça fait beaucoup !*

Rires et applaudissements, on enchaîne. On enchaîna.

Par la suite, afin d'éviter toute perturbation dans son tour, Montand avait changé la phrase :

Le patron et ses six mô… meu
Était venu en monô… meu

Sur les six mômes, pour peu que le patron n'ait eu que deux garçons, ça faisait toujours six gosses…

PIERRE TCHERNIA ET SON DÉTRACTEUR

– *C'est votre droit le plus absolu de penser que je suis un gros pourceau qui encombre et déshonore les ondes télévisuelles, mais…*

C'est avec tout le tact et l'esprit délicat qu'on lui connaît que Pierre Tchernia prit, ce jour-là, sa plus belle plume pour répondre à un correspondant qui ne « pouvait pas l'encadrer ». Celui-ci, contrairement aux quelques lettres d'insultes reçues par tous ceux qui, à l'époque, débarquaient chez le téléspectateur sur une chaîne unique, en noir et blanc, avait eu le courage de signer en ajoutant son nom et son adresse.

Moi, qui ai débuté dans ces mêmes années, sais combien les spectateurs étaient prompts à réagir à ce qui se disait ou se montrait lors des émissions pour la plupart du temps en direct.

Il faut avouer que pour nous, Français, cette immixtion au cœur des foyers, d'individus qui avaient le droit de vous adresser la parole, sans pouvoir leur répondre ou, mieux, les contredire, voire les engueuler, avait quelque chose de foncièrement antirépublicain.

J'ai le souvenir d'un brave pêcheur de mon Cotentin natal me disant, parlant de Zitrone :

– *C'ti-là, j'peux pas l'piffer. Quand j'le vois, j'lui dis : « Bonjour Léon c… » et j'lui coupe le sifflet, dame oui…*

Et comme je souriais niaisement de son propos, de me demander en confidence :

– *Quand on coupe la télé, y'a bi une p'tite lumière qui s'éteint ?*

J'ai eu la lâcheté de ne pas le détromper, ça lui aurait gâché son plaisir et le mien à chaque apparition de Big Léon. « *Bonjour Léon c...* »

Le phénomène inverse se produisait bien sûr, et je me souviens de Jacqueline Huet, speakerine au sourire sensuel, me racontant les lettres salaces qu'elle recevait, sans compter les enveloppes vides dans lesquelles une certaine matière organique avait dû sécher avant d'être expédiées à son adresse... (sic.)

À l'époque, un « gros mot » ou une incongruité échappés par un interviewer et son invité valaient une interruption de l'émission avec apparition de la speakerine à l'écran, laquelle présentait ses excuses et demandait surtout de ne plus appeler le standard de la rue Cognacq-Jay qui risquait l'incendie...

Donc, ce jour-là, Pierre Tchernia « mitonna » une lettre stigmatisant le courage de ce téléspectateur qui avait eu l'honnêteté de signer son aversion, l'assurant en retour de sa « sympathie attristée »...

Quelques jours plus tard, Tchernia reçut la lettre en retour... INCONNU À CETTE ADRESSE.

GUITRY ET LE PORTRAIT DE CHARLOTTE, SON EX-FEMME

« *Je suis contre les femmes… tout contre !* »

« *On a d'abord une femme dans les bras, puis sur les bras, et enfin sur le dos…* »

« *Les honnêtes femmes sont inconsolables des fautes qu'elles n'ont pas commises…* »

« Les citations du maître sur les femmes rempliraient un livre tant il a brocardé le beau sexe dont il était grand admirateur, à défaut, dit-on, d'être un amant admirable.

En fait, Sacha Guitry fut toute sa vie, 24 heures sur 24, en « cogitation » (j'allais dire en érection) littéraire… En cinquante ans, il écrivit 130 pièces de théâtre, ce qui représente des milliers de pages noircies de sa glissante écriture.

C'est Charlotte Lysès, sa première épouse, qui le poussa à produire, pour prouver à son père Lucien Guitry, dont elle avait été la maîtresse d'un jour « pour obtenir un petit rôle », qu'un fils doué pouvait se faire un prénom aussi gros que son célèbre nom.

Guitry, qui vivait très bien hors mariage avec Charlotte, l'épousa pour rester à Paris lorsqu'il fut appelé pour faire son service militaire… et puis, confiante (?), elle lui présenta Yvonne Printemps qui lui joua « *Jean de la Fontaine* » en couleurs et en relief…

Charlotte Lysès comprit très vite qu'ayant été en quelque sorte la « *clé du démarreur* », maintenant elle était de trop… Elle partit avant d'être chassée et dira : « *Nous avions beaucoup ri… Après, j'ai beaucoup pleuré.* »

Elle mourra quasiment dans la misère en 1956, à près de 80 ans. Du temps de leur union, heureuse et pleine de fantaisie, Guitry avait fait faire le portrait de Charlotte par un peintre parisien de renom.

Une fois partie, comme le portrait était resté au mur, un soir qu'il sortait, pour dire quelque chose alors que son valet l'aidait à enfiler sa pelisse, Guitry s'exclama :

– *Ce tableau est horrible, il faudrait le brûler…*

Le lendemain, Sacha constate que le tableau a disparu. Inquiet, le Maître s'enquiert auprès de son valet :

– *Le tableau ?*

– *Monsieur va être satisfait*, répond fièrement le domestique. *Avec l'aide de la cuisinière, nous l'avons brûlé… Les désirs de Monsieur ne sont-ils pas des ordres ?…*

Guitry concluait l'anecdote : « *Toute réflexion intérieure n'est pas toujours bonne à extérioriser.* »

LINO, LE GORILLE DU GÉNÉRAL EN INSTITUTEUR

Parce qu'il était aussi large que râblé et qu'il avait un visage buté comme celui de Ventura, on l'avait surnommé Lino…

Il était l'un des gardes du corps de De Gaulle et, à sa retraite, avait tenu un restaurant rue Washington, *La rose des sables*, où nous allions déguster son couscous qui était fort bon.

Bon vivant, joyeux drille, il nous vantait les mérites du «*patron*» qui prenait souvent des risques en prenant brusquement des bains de foule :

– *Il fonçait dans le public à n'importe quel moment pour serrer les paluches à n'importe qui. Alors, il fallait jouer des coudes et des hanches pour le coller au plus près, l'œil en voltige pour déceler le moindre geste agressif avant qu'il ne soit fatal… Et j'te serre des mains à droite et à gauche. Tout le monde voulait avoir sa part de relique comme si c'était le bon Dieu. Ce qui faisait notre admiration à nous, les gorilles, c'est qu'il avait l'œil. JAMAIS IL N'AVAIT SERRÉ LA MAIN DE L'UN DE NOUS, ce qui aurait pu arriver cent fois car nos mains avoisinaient toujours celles des admirateurs dont nous canalisions les élans… JAMAIS sauf une fois. Je m'rappelle, c'était en province je ne sais plus où, dans une école, où pour passer plus inaperçus de la presse, on avait eu l'idée de nous affubler d'une blouse grise comme c'était de règle alors dans l'enseignement primaire. À un moment, le Général se retourne, et comme je suis juste devant lui, il me serre la main qu'il retire*

À la lecture, quinze jours plus tard, c'est à la surprise générale que le «*p'tit protestant alsacien*» est devenu un Marius plus vrai que nature. Beau joueur, Raimu s'inclina et la pièce sera jouée 800 fois avec un succès jamais démenti.

Pendant l'été 1931, Pagnol, qui a confié la mise en scène filmée de *Marius* à Alexander Korda, fait tourner le film classique que tout le monde connaît, ayant réussi à imposer ses acteurs de création au théâtre, y compris bien sûr ce «*p'tit protestant alsacien*» de Pierre Fresnay (il avait été question d'Henri Garat).

Il existe dans le film une «galéjade» de Raimu à l'adresse de Fresnay qui, logiquement, aurait dû être coupée au montage et qui est restée, tant elle est anodine pour les non-initiés que nous sommes…

Vous pourrez vérifier, c'est une scène où Raimu, derrière son comptoir, essuie ses verres tandis que, de dos, Fresnay lui annonce qu'il va par honnêteté épouser «la petite Fanny», laquelle attend un «petit» de lui…

De dos donc, Fresnay-Marius dit à Raimu-César:

– *J'en ai parlé à sa mère…*

Mais il prononce «meire» comme tous les «pointus» oubliant son accent d'adoption. Alors, sans cesser d'essuyer ses verres, Raimu, le grand Raimu, hausse les sourcils, étonné, puis les fronce, perplexe.

– *Sa «meire», qui c'est çà sa «meire»?*

Un temps, puis faisant celui qui comprend enfin:

– *Ah! Sa «maiiiire»… alors quoi sa «maîre»?*

Et la scène enchaîne, normalement. C'est génial!

Quel dommage qu'à l'époque il n'y eût pas de caméra en contre-champ pour nous montrer l'œil de Monsieur Fresnay…

Merci, Monsieur Pagnol, d'avoir laissé cette réplique vengeresse du grand Raimu, vous saviez que ce petit clin d'œil n'enlèverait rien à la qualité de l'œuvre que vous portiez à l'écran. Pas plus d'ailleurs que dans *Regain* lorsque Fernandel sème dans son champ labouré, on voit à un moment défiler le rail du travelling…

Au montage, lorsque l'on vous en fit la remarque, vous avez dit:

– *On voit le «traveulling», et alors? Les Américains verront que nous aussi, en France, on en a des «traveullings»!*

Tirer parti des circonstances… ça fait partie aussi du talent.

MARCEL PAGNOL ET LA PROMESSE… TENUE

« Il les a tuées ! Toutes les deux ! Il les a tuées ! » Et dans mes petits poings sanglants d'où pendaient quatre ailes dorées, je haussais vers le ciel la gloire de mon père en face du soleil couchant.

Merveilleux Pagnol. Comment ne pas entendre sourdre la pointe d'accent aigu provençal dans ses souvenirs d'enfance qui embaument la garrigue au soleil ?

C'est d'ailleurs un soir chez les Lazareff que Marcel tint toute la tablée sous son charme en racontant l'histoire du « doublé » de son instituteur de père, lequel, en tuant deux bartavelles simultanément, entra dans la légende du village de La Treille où les Pagnol passaient leurs vacances.

– *Mon cher Marcel*, dit en substance Hélène, la femme de Pierre Lazareff, à la fin de la soirée, *pour Noël prochain, nous préparons un numéro spécial de* Elle *et je vous donne carte blanche pour y raconter un de vos souvenirs d'enfance… Êtes-vous d'accord ?*

Pagnol ne refusait rien de ce qui pouvait magnifier sa faconde de conteur. Auteur de théâtre et de cinéma comblé depuis 1929 avec *Marius*, *La Femme du boulanger*, *Regain*, *Topaze*, etc., grâce au talent et à la truculence de Raimu, Fernandel, plus toute une troupe d'acteurs du « Midi », il manquait sans doute à sa gloire les récits de ses premiers pas au soleil.

– *Mais bien sûr, chère Hélène, tout ce que vous voudrez…*

Dates furent prises pour la remise des quelques pages de la première parution, et l'on se quitta dans les meilleures dispositions littéraires.

Seulement voilà, dans les semaines qui suivirent cette promesse de collaboration, la directrice de *Elle*, fort soucieuse de son planning et des délais, n'arrivant plus à joindre son auteur en direct, parvint à obtenir de la part de son épouse une réponse enfin positive.

– *Il m'a dit que vous pourriez passer les prendre lundi prochain.*

– *À quelle heure ?*

– *Heu... Je ne sais pas... Disons...*

– *Mon chauffeur sera chez vous à 11 heures. Ça ira ?*

– *Heu... Oui. Je le dirai à Marcel.*

Et le lundi suivant, à 11 heures sonnantes... Drrrinnn...

– *Je suis le chauffeur de Madame Lazareff !*

– *Ah oui ! On va vous faire patienter un peu... Asseyez-vous.*

Un long temps passe, et...

– *Mon mari met une dernière main à son récit... Il demande si vous ne pouvez pas revenir plutôt demain après-midi ?*

Bien assis sur sa chaise, le chauffeur lève sur Madame Pagnol un regard plus que navré...

– *Je suis désolé Madame, mais ma patronne m'a fait donner ma parole de ne ressortir de votre domicile que muni des pages que Monsieur Pagnol lui a promises pour le numéro de Noël.*

– *C'est-à-dire... Il faut qu'il relise, vous comprenez... Et ça risque...*

– *Aucune importance Madame. Je tiens à respecter mon engagement et, surtout, à ne pas perdre ma place. Madame Hélène est si gentille... Je n'ai rien d'autre à faire et elle sait que j'attendrai le temps qu'il faudra !*

C'est sur le coup de 19 heures qu'après avoir déjeuné avec Madame Pagnol, tandis que Monsieur Pagnol « relisait » toujours ses écrits..., le chauffeur quitta le domicile de l'auteur de *Marius*, muni du premier chapitre des fameux et précieux « souvenirs ». C'est sans doute grâce à l'entêtement de Madame Hélène Gordon-Lazareff que nous possédons ces petits chefs-d'œuvre de littérature aux parfums de Provence : *La Gloire de mon père*, *Le Château de ma mère*, *Le Temps des secrets*.

Marcel Pagnol y a écrit : « *Telle est la vie des hommes. Quelques joies, très vite effacées par d'inoubliables chagrins. Il n'est pas nécessaire de le dire aux enfants.* »

HENRI GUISOL, PRINCE DE LA DISTRACTION SUR LES CHAMPS-ÉLYSÉES

Henri Guisol fut un charmant comédien tout en nuances, comme l'était Jacques Legras. Il fit une jolie carrière de seconds rôles et, s'il apportait tout le sérieux à son métier, dans la vie il était d'une étourderie qui frisait l'aberration.

Alors qu'il jouait à la Comédie des Champs-Élysées avenue Montaigne, tous les soirs, sur le coup de 6 heures, il quittait son domicile proche de l'Étoile pour regagner sa loge afin de se concentrer avant la représentation.

Un soir, alors qu'il arrive au Rond-Point, il tombe nez à nez avec Pierre-Louis, hilare.

– *Oh ! Henri, qu'est-ce que tu fais là ?*

– *Oh ! Pierre ! Salut.*

Tiré de ses pensées profondes, Henri Guisol comprend la surprise évidente de son ami.

IL EST EN ROBE DE CHAMBRE, PANTOUFLES AUX PIEDS, ET TIENT À LA MAIN SA BOÎTE À ORDURES PLEINE…

Chaque soir, en effet, avant de prendre le chemin du théâtre, Guisol satisfaisait à cette corvée ménagère bien naturelle à l'époque.

Un café près du théâtre accepta de vider les ordures et de lui prêter un sac pour dissimuler sa poubelle afin de prendre un taxi et rentrer chez lui…

Car, comble de la distraction, c'était le soir de relâche.

– *Il n'a pas oublié de me rendre l'argent que je lui avais donné pour payer le taxi*, concluait Pierre-Louis qui riait encore de la tête des gens voyant marcher cet hurluberlu sur la plus prestigieuse avenue du monde, pantoufles aux pieds, poubelle à la main.

Le vrai nom d'Henri Guisol était «*Bonhomme*»… Ça non plus, ça ne s'invente pas!

LUCIEN GUITRY REÇU PAR CLEMENCEAU

Très ami avec Clemenceau, Lucien Guitry arrive un jour chez lui et croise dans l'antichambre celui qui deviendra « Le Tigre », prenant congé d'un visiteur qu'il vient de recevoir juste avant lui.

– *Au revoir cher ami, mes amitiés à votre dame.*

– *Au revoir.*

Faisant volte-face, le visiteur se ravise soudain sur le pas de la porte.

– *… Ah ! Au fait, je ne vous ai pas parlé de mon gendre…*

– *Et je vous en suis très reconnaissant*, dit Clemenceau en ouvrant largement la porte… *Et encore merci de votre visite.*

L'art d'évincer les importuns fut aussi pratiqué par le fils de Lucien, Sacha, qui, un jour, sortant de chez lui, tombe nez à nez avec une dame dont il connaît l'extrême volubilité.

– *Ah ! Maître, comment allez-vous ?*

Et Guitry, la dribblant et accélérant le pas :

– *Vite… très vite…*

SACHA GUITRY ET LE VIEUX CABOTIN

Un jour, Sacha reçoit une lettre d'un vieux comédien à la retraite qui se confie à lui de façon aussi touchante que faussement naïve.

« … *Tu sais, cette vieille et chère admiratrice qui m'offrait mon loyer depuis cinq ans, eh bien elle vient de mourir, la pauvre. Alors maintenant, qui va me payer mon logement ? En aurais-tu une idée ? J'avoue que moi pas !* »

Ému, Sacha, qui était beaucoup plus généreux que sa légende ne le dit, lui télégraphie aussitôt pour lui signifier que, désormais, c'est lui qui prendrait en charge son loyer et qu'il en fait son affaire.

Alors, en retour, Guitry reçoit un télégramme avec un seul mot… Mais au lieu du « *merci* » attendu, le vieux cabot avait écrit « *bravo* » !

Logique, non ?

TINO BARATINE SON PUBLIC

– Justement Pierre ! Je me sens si bien ce soir que j'ai envie de parler au public.

– Très bien, bravo Tino.

– Alors voilà, tu joues mon entrée comme d'habitude, et puis là, je baratine, je baratine et après on enchaîne, d'accord ?

– Bien sûr, Tino.

Pierre Spiers, à cette époque, était le chef d'orchestre de Tino Rossi et, pour certains galas, il acceptait de l'accompagner au piano dont il avait été un premier prix de conservatoire.

Ce soir-là donc, surprise, Tino d'habitude si laconique à la scène, annonçant seulement les titres des chansons, et pas systématiquement, va bavarder avec son public… C'est un événement d'importance.

Tous les imitateurs pasticheurs de ces années-là (Jean Raymond, Jean Valton) ne s'embarrassaient pas de gestes, se contentant de glisser alternativement la main droite, puis la gauche, dans la poche du veston.

Malgré toutes les moqueries dont il était l'objet, Tino restait une immense vedette et chacune de ses prestations se soldait par un succès rarement démenti. Accusé à tort à la Libération, il avait tout de même passé trois mois en prison, ce qui avait donné l'occasion au *Canard Enchaîné* de publier à la une la caricature de Tino qui chantait derrière les barreaux en versant des larmes « *Mariner là… !* ». Il est vrai qu'à cette époque « d'épuration », bon nombre de vedettes qui avaient poursuivi leur métier sous l'occupant subirent le même sort (Guitry, Fresnay, Arletty, etc.), mais Tino fut le seul, à ma connaissance, à sortir avec les « *excuses officielles du gouvernement* ».

Donc, ce soir-là, Tino, en pleine forme, fait son entrée sous un tonnerre d'applaudissements. D'un petit coup de tête entendu, il remercie à droite et à gauche, acceptant avec sa nonchalance insulaire les hommages du public. Après un long moment d'acclamations, il étend les deux mains vers la salle, les clameurs s'apaisent, le public comprenant que leur idole va parler.

« Un silence à couper au couteau, m'a raconté Pierre Spiers, est tombé sur l'assistance. Le public qui suit Tino depuis des années connaît lui aussi son laconisme et tend une oreille d'autant plus intriguée. »

Alors, Tino s'approche du micro. D'une pichenette, il s'assure que la sonorité est bien branchée et, de cette voix sucrée qui charma des générations, il dit :

– *Bonsoir ! Ça va ?*

Un temps, puis se retournant vers Spiers qui boit d'avance ses paroles, il ajoute d'un ton péremptoire :

– *Alors ? Tu enchaînes…*

Le dictionnaire définit ainsi « baratin » : *flot de paroles*. Il est vrai qu'en Corse, le flot méditerranéen monte beaucoup plus raisonnablement.

À ce propos, nous avions eu la chance d'avoir Fernandel dans une de nos émissions en direct de l'Alhambra, où il chanta *Le Tango corse…* Je cite le refrain :

« *Le tango cor-seu, c'est un tango conditionné*
Le tango cor-seu, un avant-goût de l'oreiller… etc, etc. »

Quelques semaines plus tard, nous étions à Calvi dans l'île de Beauté en vacances avec le bateau de Bellemare, et je revois encore la scène…

Pierre et moi, en tenue de vacances, grand panier de raphia à la main, sommes chez le boucher du port. Bien entendu, étant donné qu'à l'époque il n'y a qu'une seule chaîne de télé, nous sommes tout de suite identifiés.

– *Alorrr la télé… ça va ?* Avec l'accent de Tino, évidemment.

Après avoir servi les clients qui étaient devant nous, le boucher prend notre commande et commence à nous servir. À un moment, alors qu'il affûte soigneusement un énorme couteau à trancher, « tchic… tchic… tchic… », il dit :

– *Vous avez fait chanter* Le Tango corse *à Ferrennandel…*

« Tchic… tchic… tchic… » et, nous regardant bien dans les yeux, « tchic… tchic… tchic… », il ajoute :

– On n'aimeu pas trop ça chez nous, en Corse…

La chanson de la légende de saint Nicolas m'est remontée à la mémoire dans un flot rouge sang…

« *Ils n'étaient pas sitôt entrés que le boucher les a aaa tués*
Les a coupés en p'tits morceaux ô ô
Mis au saloir comme des pourceaux… »

« Tchic… tchic… tchic… »

– C'est pas gentil ça…

Puis, nous montrant une portion de viande sur sa pièce de bœuf à rôtir…

– Commeu ça, ça va ?

Avec soulagement, ma vision est redevenue rose corse avec la voix de Tino chantant : « *Ô Catarinetta bella… Tchi tchi…* ».

J'ai toujours nettement préféré le « *tchi tchi* » de Tino au « *tchic tchic* » des bouchers de Calvi ou d'ailleurs… Sujet tranchant.

J'AI VU RAIMU JOUER « LE BOURGEOIS » AU FRANÇAIS

Raimu à la Comédie-Française ! En ce début d'année 1944, malgré la guerre et l'Occupation, Paris ne parle que de ça.

Je suis alors au Centre du spectacle apprenti comédien, j'ai 16 ans, suis dans la classe de Monsieur Le Golf, charmant sociétaire de la maison de Molière, qui, pour me récompenser d'avoir bien travaillé « Petit Jean des Plaideurs », m'a proposé un billet pour aller voir ce « *Bourgeois* à la sauce provençale ».

– *Tu viendras chercher ton billet avant la représentation dans ma loge, j'aurai donné ton nom au concierge pour monter.*

Quel bonheur ! Voir Raimu, le grand Raimu, l'immense Raimu, sur scène dans l'un des chefs-d'œuvre du Grand Patron Molière !

À l'époque, les cours avaient lieu le matin. (La plupart des professeurs comme H. Rollan, J. Debucourt, Pierre Renoir, J-L. Barrault, etc., ou de jeunes comédiens déjà connus comme Mouloudji, Claudio ou encore Jean Poiret, Aznavour, venaient surtout pour le déjeuner, constitué d'aliments aussi rares que précieux en cette époque de rationnement…) Après le déjeuner donc, quartier libre. J'en profitais pour hanter les cinémas, dont les derniers films de Raimu, *Les Inconnus dans la maison*, *Monsieur la Souris*, *Le Colonel Chabert*, m'avaient permis de mesurer l'immense talent d'un des plus grands acteurs de notre époque.

Le jour donné, je me pointe en matinée à la Comédie-Française.

– *Je suis attendu par Monsieur Le Golf. Rouland... Jean-Paul...*

Muni d'un laissez-passer, je me rue dans l'escalier qui mène aux loges et suis obligé de me frayer un passage à l'étage de la scène, au milieu des comédiens qui viennent de faire un « raccord » avant la représentation. Je reconnais au passage Maurice Escande, Pierre Bertin qui joue le maître à danser (l'inoubliable beau-père sourd des *Tontons flingueurs*). Je salue Jean Meyer qui me terrorise lorsqu'il nous auditionne... Me voilà près de l'escalier qui mène aux étages des loges, je l'emprunte et vois, appuyée contre la rampe, Marie Bell qui parle avec Raimu... Le temps de monter quelques marches et je fais demi-tour pour m'asseoir à hauteur de celle qui, dit-on, décida l'acteur du boulevard à pénétrer dans l'illustre maison.

Dissimulé derrière les piliers massifs de la rampe, je tends une oreille aussi indiscrète que consciente du privilège que le hasard vient de m'accorder. Cueillir les propos inédits de Monsieur Jourdain et de Dorimène... À mon immense surprise, voilà en substance ce que dit Raimu :

– *Non Madame, la bourride, ce n'est pas la bouillabaisse et ça n'a rien de comparable... du tout, Madame, d'abord ça vient de Sète, et Sète c'est pas sur la mééér, c'est sur un étang... Oui Madame, sur un étang... Et puis, leurs poissons pédalent dans l'aïoli, même que c'est à en écœurer une famille de...*

Un acteur dévalant l'escalier à grande vitesse m'obligea à quitter ma station d'écoute et je ne sus jamais quelle famille était même écœurée par ces poissons pédalant dans l'aïoli...

Et mon prof m'a donné un billet gratuit et je suis allé voir Monsieur Raimu dans *Le Bourgeois*, je suis même sans doute l'un des rares comédiens du Centre du spectacle à l'avoir vu...

En fait, quand je dis « VU », je devrais dire « vu à 50% ». En effet, j'avais eu droit à une loge du Paradis de côté, tout en haut, au 2e rang. En me levant et en empiétant sur les premiers rangs, j'arrivais à voir la moitié de la scène côté jardin... Assis, je ne voyais que les pendillons du décor entre lesquels les personnages de la pièce entraient et sortaient, écrasés par la vue plongeante.

Quand on sait que les metteurs en scène placent leurs personnages le plus souvent au centre, j'eus le privilège de voir la perruque ou le chapeau de Raimu d'où sortaient des phrases dont je perdais également 50%, noyées dans les rires ou les grognements dont le grand acteur agrémentait le texte original.

– Ah que c'est admiraaaable! Heum heum heum…

Et puis, je n'entendais plus qu'un grondement sourd provoqué par la disparition du sieur Jourdain côté cour. Quelques instants plus tard, je revoyais son chapeau.

– Belle Marquise, vos beaux yeux me font mourir d'amour…

Pas une seule fois je n'ai vu le visage de Raimu. Il est vrai qu'il n'y a aucune raison que Monsieur Jourdain s'adresse au ciel ou aux étoiles vu que Molière n'a rien prévu dans ce sens vertical.

J'ai quand même applaudi à tout rompre à la fin et quand, le lendemain matin, devant tous les élèves réunis, Monsieur Le Golf m'a demandé :

– Alors, Monsieur Rouland… Le Bourgeois-Raimu ?

Je ne sais plus très bien ce que j'ai dit, mais j'ai frimé :

– Magnifique, génial, quelle leçon…

Que vouliez-vous que je dise d'autre devant tous ces envieux qui bavaient de jalousie ?

J'aurais pu, bien sûr, leur dire que grâce à cette récompense j'avais appris de la bouche même du grand acteur que la bourride était une spécialité de Sète, laquelle n'était qu'un port d'eau douce… Comparé à Toulon ou Marseille qui restera la patrie de César interprété par l'un des plus fabuleux acteurs de notre époque… Un de ceux que Cocteau appela fort judicieusement « Les monstres sacrés »… Il y en aura toujours, n'est-ce pas, Monsieur Depardieu ?

GUITRY ET UN FFI NOMMÉ DECAUX

23 août 1944. Depuis quatre jours, un vent de liberté déferle sur Paris. Des affiches de « Mobilisation générale » sont apparues sur les murs un peu partout et recouvrent les sinistres affiches rouges stigmatisant les « terroristes » aux gueules patibulaires, exécutés au nom de « l'ordre nouveau ». Au bas de l'escalier qui mène à la salle des mariages de la mairie du VIIe occupée par les insurgés, un jeune FFI de 19 ans, de faction, voit passer, encadré par cinq hommes en armes, un prisonnier en peignoir de soie et mules crocodile vertes aux pieds… Il le reconnaît tout de suite, c'est Sacha Guitry.

Ce jeune « fifi », comme on les a surnommés très vite, c'est Alain Decaux. Il a eu le privilège, quelque temps auparavant, d'être reçu par le Maître, chez lui, à l'Élisée-Reclus, pour lui demander l'autorisation de jouer une de ses pièces que désirait monter une jeune compagnie d'amateurs dont il faisait partie.

Sans perdre un instant, Decaux bondit voir son chef hiérarchique.

– *On vient d'arrêter Sacha Guitry ?*

– *Et alors ?*

– *Qu'est-ce qu'il a fait ?*

– *Collaboration. Les charges sont écrasantes… à ce qu'on dit !*

– *On va le mettre en prison ?*

Devant l'évidence qui va s'ensuivre, Decaux a une réaction immédiate.

– *J'espère qu'on a pensé à faire garder son hôtel particulier.*

– *Et pourquoi ça ?*

– *Mais c'est un véritable musée... rempli de trésors inestimables, et si...*

Alain décrit les tableaux, sculptures, etc. que le célèbre auteur-comédien lui a fièrement montrés lors de sa récente visite. Il parle du pillage possible, des responsabilités qui en découleront avec une telle fougue que le chef est impressionné.

– *Tu as raison... Puisque tu connais, tu veux t'en charger ? Vas-y !*

– *Mais... il me faut une arme et prévoir une relève.*

– *On va déjà te donner un fusil... Je m'occupe du reste.*

Et voilà comment, quelques instants plus tard, un jeune FFI de 19 ans, avec brassard et fusil vide de balles, va se retrouver de faction devant l'hôtel particulier de Sacha Guitry près du Champ de Mars, à l'ombre de la tour Eiffel.

On connaît les accusations les plus extravagantes qui aboutirent à un « non-lieu » évident. L'une des plus invraisemblables fut qu'il avait mis dans le hall de son théâtre de la Madeleine « un buste du maréchal Goering »... C'était en fait celui de son célèbre père Lucien Guitry !

Après sa libération, soixante jours plus tard, mis au courant de la miraculeuse protection de ses trésors due à ce jeune FFI Alain Decaux, Sacha se liera d'amitié avec lui et, à son décès, lui léguera sa chevalière avec émeraude ovale qu'il portait à l'auriculaire gauche.

Cette bague précieuse, chargée de l'histoire du théâtre d'un digne descendant de Molière, sera sertie au cœur de la poignée de l'épée d'académicien d'Alain Decaux, lorsque celui-ci fera son entrée sous la coupole. Guitry à l'Académie, juste retour des choses. Sollicité pour porter « l'Habit Vert », il refusera cet honneur car, à l'époque, on lui demandait en échange d'abandonner son métier d'acteur, situation incompatible avec les règles de la noble institution.

Voilà comment grâce à Alain Decaux, Guitry a fait discrètement son entrée quai Conti par le petit doigt de la main gauche, celle du cœur.

LE GÉNÉRAL ET JEAN-LOUIS BARRAULT MORT EN 68

– … *Et puis, mon général, Jean-Louis Barrault souffre beaucoup, il en est réduit à monter ses spectacles à l'Élysée Montmartre, chez Delaporte le catcheur, vous ne pensez pas que sa punition a suffisamment duré… ?*

– *Mais de qui me parlez-vous, Malraux ?*

Au début de l'année 1969, au cours d'un des entretiens que de Gaulle accordait à Malraux, son « brouillon de culture », ce dialogue a été rapporté par un proche de l'auteur de *La Condition humaine*. On se souvient, en effet, qu'après les événements de Mai 68, le Général avait été dépassé par les éléments nouveaux qu'étaient la radio et la télé en direct, relayant et dramatisant au maximum des batailles de rue relativement moins graves que bien d'autres dans le passé… (Dernièrement, le même phénomène a eu lieu avec les portables.)

J'ai le souvenir personnel d'une réunion de producteurs TV, au cours de laquelle un célèbre producteur réalisateur de dramatiques voulait faire distribuer des armes que l'on aurait été chercher dans certaines casernes parisiennes, pour occuper Cognac-Jay… Sagement, Bellemare et Tchernia avaient ramené tous ces « excités de la Bastille » à de plus justes vues de la situation.

Donc, après ces événements qui auraient pu tourner au drame absolu, comme en 1830, 1848 ou même 1934 – 15 morts –, le Général fit circuler une « *liste rouge* » d'une dizaine de noms[5] dont Jean-Louis Barrault, lequel, à l'époque, était directeur de l'Odéon.

Les mois passèrent et comme la disgrâce se faisait de plus en plus difficile à supporter, Malraux osa, un jour, intervenir comme ici raconté.

– *Je parle de Jean-Louis Barrault, mon général, vous savez…*

– *Jean-Louis Barrault ?*, coupa de Gaulle. *Mais il est mort, Malraux. Je l'ai moi-même entendu l'annoncer sur la scène de l'Odéon à des occupants vêtus de costumes classiques de son théâtre. Il est entré sur scène alors que personne ne l'en obligeait… et il a dit : « Il n'y a plus de Jean-Louis Barrault… Il n'y a plus qu'un camarade comme vous… » Il l'a dit, je l'ai vu et entendu… et vous voudriez que je ressuscite un mort ?… Je n'ai pas ce pouvoir, Malraux, parlons d'autre chose, voulez-vous.*

La punition de Barrault dura jusqu'à la mort du Général en 1970, puisque c'est seulement en 1972 qu'on lui attribua la gare d'Orsay, puis en 1981 l'ancien Palais des Glaces du Rond-Point des Champs-Élysées où finit sa belle carrière.

---

5. Sur cette liste rouge, il y avait Roger Couderc qui avait créé avec nous « La Tête et les jambes » dix ans avant. Cette fameuse liste passa d'ailleurs très vite de la dizaine à la soixantaine tant les « censeurs » restés en place s'ingénièrent à compléter « les oublis du Général ».

MICHEL SIMON ET SIMONE

Le film *Fric-Frac* avait connu un beau succès au cinéma d'après la pièce de Bourdet qui fut reprise en 1950 au Théâtre Antoine, dirigé par Simone Berriau, avec le même Michel Simon et Jacqueline Porel dans le rôle d'Arletty.

Or, un soir, on raconte que Michel, d'humeur printanière, fit le même caprice que celui qu'il avait fait quelque temps auparavant au cinéma.

– *Je n'ai pas envie de jouer... Vous avez vu le temps qu'il fait dehors!*

Alertée par le régisseur, Simone Berriau, la directrice, qui avait assuré également la mise en scène, accourut et trouva dans sa loge Michel Simon étalé mollement sur les coussins de son canapé.

– *Qu'est-ce que me raconte Émile, mon p'tit Michel, tu n'es pas malade au moins?*

Le même scénario se déroula, lassitude, états d'âme et puis...

– *Je crois comprendre, chère Simone, que vous tenez à ce qu'on joue ce soir...*

– *La salle est pleine, on a refusé du monde...*

– *Alors je veux bien, à une condition...*

Cette condition beaucoup plus intime... fit éclater de rire Simone Berriau à défaut d'Émile le régisseur, à la suite de quoi, comme s'il s'était agi d'une boutade facile à éluder en tête à tête, la directrice dit:

– *Allez prévenir qu'on lève le rideau dans deux minutes voulez-vous, Monsieur Bertin.*

Quelques minutes plus tard, on frappait les trois coups...

Michel Simon… monstre sacré s'il en fut, mourut en 1975, à 80 ans.

On raconte que son héritier de fils, comédien, suisse lui aussi, reçut en héritage les clés d'un coffre que son père possédait dans une banque de Genève.

Lors de ses rares visites dans sa ville natale, le célèbre acteur se retirait seul dans la salle des coffres, d'où il entrait et sortait toujours avec un sac de voyage.

Curieux de connaître enfin quels trésors recélait ce coffre paternel, sur la contenance duquel Michel Simon avait toujours gardé le plus profond secret, le fils procéda à l'ouverture…

Le coffre contenait comme unique objet un pot de chambre, avec son contenu censé porter bonheur…

ZITRONE NE PEUT PLUS ME VOIR

– *Voilà l'homme que je ne peux pas voir !*

Ma stupeur n'a d'égale que mon incompréhension devant la mine contrariée, pour ne pas dire révulsée, de Léon, qui refuse la main que je lui tends…

– *Qu'est-ce qu'il y a ?*

Avant de me tourner délibérément le dos, il me lance :

– *Pas ici vieux, pas ici, tout à l'heure !*

Le monde audiovisuel me serait tombé sur le carafon, avec l'antenne de la tour Eiffel en prime, que je ne serais pas plus étonné.

– *Quelle mouche l'a piqué ?*

Je connais, comme tous les pions de l'échiquier de la télé de l'époque, le caractère fantasque, voire pénible, de « Big Léon », mais là, ce n'est plus de l'incompréhension, c'est la plongée dans un trou noir sidéral. Je viens de débarquer dans une ville de province pour animer l'inauguration d'un grand magasin et, comme on me dit que depuis la veille Léon Zitrone est là pour dédicacer son livre, ma première réaction est d'aller le saluer à son stand, où son accueil me plonge dans un abîme d'interrogations… Qu'est-ce que j'ai bien pu dire ou faire pour être devenu « *l'homme qu'il ne peut pas voir* » ?

Quelques instants plus tard, dans le bureau mis à notre disposition, j'ai beau questionner les organisateurs, personne ne peut m'éclairer sur cette aversion spontanée et inédite car j'ai toujours eu jusque-là d'excellents rapports avec Léon et, si je lui préfère Claude Darget, c'est purement subjectif.

– Bah ! On verra bien !

Le futur du verbe « voir » s'avère de courte durée car j'entends le haut verbe, phrasé de près, du grand prêtre cathodique qui s'annonce.

– Où est-il, ce cher vieux Rouland ?

Entrée en bourrasque de Léon qui referme avec soin la porte derrière lui.

– Comment vas-tu ?

J'ouvre des yeux grands comme des ovni devant sa pogne tendue.

– Ça va, mais…

Pressant sa dextre hautement velue sur mon avant-bras, pour couper court à ma requête, il me plante son doux regard de myope au fond des yeux.

– Tu n'as pas lu le journal ?

– Le journal…

C'est donc ça ! Le journal local a dû faire une caricature ou un de ces jeux de mots dont certains journalistes ont le secret, qui nous réunit LUI et moi dans une situation ridicule.

Il faut dire qu'à l'époque, j'ai la réputation d'un « fantaisiste » ayant pour rôle essentiel de faire rire dans nos émissions (« Le Bon Numéro », « Oscar Mirandolle », « Les 7 de l'escalier 15 », etc.) incontournables puisqu'il n'y a qu'une seule chaîne.

D'un geste que n'aurait pas renié la grande Sarah, Léon étale sous mes yeux l'objet de sa vindicité : une photo de moi, moustaches en majesté, s'étale à la une du journal local avec ce titre : « *Jean-Paul Rouland vient prêter main forte à Léon Zitrone* ». Comme un silence mitigé suit cette mise en évidence, je vais ouvrir le journal, pensant trouver à l'intérieur une justification plus évidente, lorsque le quotidien disparaît pour aller voler à l'autre bout de la pièce.

– Tu te rends compte ?

Je reste bouche bée devant cette interrogation : « prêter main forte » serait-il l'objet du lèse-majesté ? Je n'ai pas le temps de réagir que mon Zitrone enchaîne :

– Non mais tu te rends compte ? Moi qui vais demain faire partie de la suite du Président pour son voyage en Russie ! J'attends un coup de fil de la direction pour me révoquer.

Je retiens à grand-peine l'envie d'éclater de rire qui me secoue la glotte… C'est donc ça !

– Alors, mon vieux Rouland, je ne plaisante pas, tu m'écoutes ?

– Mais je ne fais que ça…

– C'est trop grave pour rire de la situation, il y va de ma carrière, tu comprends ? Alors : OÙ TU ES, JE NE SUIS PAS et OÙ JE SUIS, TU NE METS PAS LES PIEDS…

Je regrette qu'une caméra cachée ne puisse enregistrer ce moment d'anthologie : le Big Léon, l'immense reporter, le monument du p'tit écran, demandant, suppliant presque ce petit amuseur venu faire des jeux de ne pas mélanger ses serviettes avec mes torchons.

– Nous sommes d'accord, l'ami Rouland ?

– Oui, mais je ne saisis pas très bien…

Sa patte de lion de Belfort m'écrase à nouveau l'avant-bras pour mettre un terme à ce qui ressemble maintenant à un ultimatum.

– Tu ne peux pas comprendre, mais merci pour ta compréhension…

J'ouvre la bouche pour lui signaler le pléonasme lorsque déjà, dans un départ à la Fangio de l'époque, le mastodonte de l'audiovisuel a mis une distance entre nos deux mondes…

Avec la FDMV qui est présente, nous éclatons de rire devant cette réaction en pleine démesure zitronesque. Comme si quelqu'un pouvait imaginer Léon à mes côtés improvisant des jeux et soumettant les clients du supermarché au « Ni oui ni non »… Et même SI ?… Je n'aurais eu moi aucun scrupule à lui prêter un « coup de voix » pour commenter le couronnement de la reine d'Angleterre, alors ? Où est le problème ?

Alors ! Il n'allait pas regretter, le Léon, la matinée qui lui restait à faire dans le magasin. Comme c'était le début des micros émetteurs permettant de circuler sans câble dans le magasin, je m'approchais subrepticement du rayon librairie où il dédicaçait ses livres.

– Actuellement, je vous rappelle que Monsieur Léon Zitrone dédicace son livre… à une dame vêtue d'une robe verte à pois blancs qui est ravie bien sûr de ce tête-à-tête…

Le regard circulaire, assassin, de Zitrone me récompensait au centuple de sa vindicte éléphantesque.

Il n'y eut pas, bien sûr, de coup de fil de révocation, la direction de la télé ayant d'autres trublions à fouetter sur ses ondes agitées que de se soucier de « l'histrion » qui venait prêter main forte à Monsieur Zitrone… mais au souvenir de :

– Actuellement, je vois Léon Zitrone qui est seul à son stand de la librairie et il me prie de vous dire qu'il s'ennuie…

Il me restera toujours la vision savoureuse de son regard de sniper myope : « *Où il est ce salaud d'Rouland ?* »

Présent par le son, invisible au regard, je devins réellement ce jour-là, comme l'avait si bien prévu Big Léon, « *l'homme qu'il ne pouvait plus voir* ».

LA PUNITION CRAVATE DE SARKO PAR SÉGOLÈNE ROYAL

– *Quand un comédien n'avait pas été correct avec un des membres de la troupe ou s'il cabotinait trop en scène, après les avertissements d'usage, l'ensemble des acteurs décidait de lui infliger la «punition cravate»...*

Le comédien vif et pétillant, qui me raconte ses débuts au théâtre d'avant 1900, s'appelle Pierre Palau. Sa silhouette de petit bonhomme chauve, au regard aussi sémillant que sa parole est volubile, lui a valu de tourner dans plus de 100 films. Je suis venu chez lui à Meudon pour les besoins de la télévision et reste captivé par ses souvenirs d'un monde aujourd'hui (en 1962) disparu et encore tout proche de Molière puisque, jouant gratuitement sur les places publiques ou dans les granges, les acteurs faisaient la quête à la fin de la représentation...

– ... *On était deux, un qui tendait son chapeau et l'autre qui surveillait que rien ne puisse être escamoté au passage. Pour ce rôle, on choisissait toujours un qui ne pouvait pas «blairer» l'autre... Pour revenir à la «punition cravate», c'était tout simple et insupportable pour celui qui l'endurait: aucun des acteurs ne le regardait jamais dans les yeux comme cela se fait tout naturellement, mais lui parlait en regardant sa cravate... Au bout d'un moment, c'était insupportable... J'ai vu des acteurs quitter la scène. Obligé de baisser le rideau, il devait faire ses excuses, d'abord à la troupe, puis au public, avant de reprendre la représentation.*

Cette conversation, vieille de plus de 40 ans, m'est revenue en mémoire après le débat qui, en 2007, opposa Sarkozy et Ségolène Royal. C'est une phrase du témoin le plus proche de Ségolène qui l'a rapportée dans la presse, Patrick Poivre d'Arvor :

« Madame Royal n'a jamais regardé son adversaire dans les yeux, elle fixait son épaule, ce qui a fini par l'exaspérer au point qu'il s'est adressé à Arlette Chabot ou à moi, ce qu'on lui a reproché dans la presse... »

Ségolène Royal était-elle au courant de la « punition cravate » ? Lui avait-on soufflé ce vieux châtiment infligé aux comédiens coupables d'une faute envers leurs camarades ?

Impossible de le constater en tant que téléspectateur, il aurait fallu pour ça qu'une caméra soit pile dans l'axe de vision de Nicolas Sarkozy. Seul Patrick Poivre d'Arvor, lui, pouvait s'en rendre compte...

Je me suis toujours demandé pourquoi Nicolas Sarkozy n'en avait jamais parlé ? Il est vrai que je suis toujours resté très loin du milieu politique où tous les coups pour déstabiliser l'adversaire sont bons... et commentés en coulisse. Peut-être même l'intéressé a-t-il pensé qu'il s'agissait d'une déviance due au léger strabisme de son adversaire...

Le hasard de la vie m'a fait récemment rencontrer un des hommes qui fut très proche de l'ex-président Sarkozy à qui j'ai raconté et montré l'article du *Figaro* où PPDA contait ce qu'il avait vu... Il a parcouru plusieurs fois l'article et, à mon immense étonnement, me l'a rendu en disant :

– *Non, il ne s'est aperçu de RIEN... Il n'a rien vu du tout...*

Comme je restai sans commentaires, il a ajouté :

– *C'est peut-être ce qui lui a permis de conserver tout au long son sang-froid, ce qui était pour nous une grande crainte... Il n'a jamais eu son regard !*

Comme quoi, ce qui était une punition sur les planches pouvait devenir un atout pour l'adversaire sur un plateau de télévision.

À ce propos, une phrase, elle aussi historique, m'est revenue en mémoire.

– *Pouvez-vous vraiment contester ma version des choses en me regardant dans les yeux ?*

C'était en 1988. À la question posée par Jacques Chirac à François Mitterrand, celui-ci lui répondit dans un sourire digne de Méphisto :

– *Dans les yeux, je la conteste... Monsieur le Premier ministre.*

Or, le Premier ministre en question avait lui aussi une cravate...

JE SUIS RESTÉ EN TÊTE À TÊTE AVEC LOUIS XIV…

Ou plus exactement seul dans sa chambre, au château de Versailles, à côté de son lit. En effet, les aléas de notre merveilleux métier, qui ouvre toutes les portes, font que, ce soir-là, j'assume un reportage en direct de la chambre du Roi Soleil, lors d'une reprise de « La Tête et les Jambes ».

Il est aux environs de 19h, c'est la pause entre la répétition et l'émission qui débute à 20h30. Les techniciens sont partis casser la croûte, le réalisateur accapare le conservateur adjoint à côté, dans l'antichambre, et moi, resté potasser mes textes, je détaille ce grand lit à baldaquin sur lequel le Roi Soleil s'est couché pour la dernière fois, à l'âge exceptionnel de 77 ans.

Cette situation privilégiée, unique, fait qu'une idée folle me traverse l'esprit… Une de ces idées « *mi-honte mi-fou rire* » que l'on chasse aussitôt, parce que déraisonnable : *Et si je me mettais à sa place pour voir ce qu'il voyait couché ?*

Personne n'avait peut-être jamais eu l'idée de contrôler ce point de vue royal, allongé devant cette grande fenêtre face au lit, un regard éperdu vers le ciel au moment de quitter la Terre pour rejoindre Dieu, dont il s'estimait le fils, à défaut d'être l'égal.

– *Et si je vérifiais ?*

C'est l'instant d'une seconde, avec des mocassins aux pieds, qu'une simple pression sur le talon permet d'ôter… Une occasion comme celle-là est unique dans une vie.

Qu'auriez-vous fait à ma place ? Eh bien moi, je l'ai fait ! Hop... une chaussure, hop la seconde, et hop sur le lit...

C'est désolant ! Ce pauvre Roi Soleil ne voyait même pas les étoiles... Un morceau de plafond, les fanfreluches du baldaquin... Avant de refermer son ombrelle, Louis XIV eut une vision à mourir d'ennui sous un dais poussiéreux.

La vision que j'eus, en revanche, moi, c'est l'œil démesurément agrandi du conservateur qui venait de rentrer dans la pièce. En trente ans de carrière dans les Monuments nationaux, il n'avait jamais pu imaginer un tel spectacle... Un *vulgum pecus* allongé sur le lit de Louis le Grand.

Évidemment, l'éclat de rire de Jean Bescon, le réalisateur, et mon « petit-lever-illico-presto » coupèrent court à tout commentaire intempestif à l'encontre du malotru iconoclaste qui osait se prélasser sur le lit du plus grand roi de l'histoire de France.

Par la suite, jamais cet éminent conservateur n'a dû pénétrer dans ce sanctuaire sans voir mes moustaches flotter comme deux ailes d'albatros sous le ciel de lit qui recueillit le dernier souffle du petit-fils d'Henri IV.

J'en demande encore pardon au royal protecteur de Molière, mais, aujourd'hui, lorsqu'un de mes petits-enfants me dit « *Raconte quand tu as dormi dans le lit de Louis XIV* », je ressens encore au fond de moi ce rire mêlé de honte qui me fait éluder discrètement le propos, évoquant qu'aujourd'hui... avec l'âge... mon état d'édile honoraire... ma réputation de « sage »...

Si je me retrouvais dans la même situation, seul devant le lit royal... Eh bien oui, j'y sauterais encore sur le pucier de Loulou... et à pieds joints si je pouvais. Des occasions comme ça, ça ne se refuse jamais, ça non !

MADAME PAULINE CARTON, « BIBLIOTHÈQUE AMBULANTE »

Merveilleuse Pauline Carton, dont la silhouette de « bonne » fut souvent exploitée par Sacha Guitry, tant au théâtre que dans ses films. Ce que l'on sait moins, c'est que, dotée d'une mémoire exceptionnelle, Sacha s'en servit comme documentaliste pour la plupart de ses films historiques. Il disait en l'accueillant :

– *Comment va notre bibliothèque ambulante ?*

Douée d'un esprit aussi vif que frondeur, elle disait que personne n'était à l'abri du bafouillage.

– *Tenez ! Pas plus tard qu'hier, à une amie qui me demandait mon âge, je lui réponds : « Ce n'est pas difficile, calcule toi-même, j'avais 14 ans à la guerre de Trente ans... » Au lieu de l'inverse, calculez vous-même.*

Ça ne vaut pas l'autre soir, au théâtre des Variétés, dans la pièce de Verneuil, j'ai entendu un comédien dire avec un bel aplomb : « Le temps de boucler mon taxi et j'saute dans ma valise... » S'il avait dit ça pour amuser ses camarades, ce fut loupé, c'est le public qui a éclaté de rire...

De son vrai nom Biarez, elle avait pris le nom de scène de son premier rôle au théâtre, une fille de joie nommée Mademoiselle Carton.

Elle habita toute sa vie à l'hôtel où elle mourut à l'âge de 90 ans en 1974. Elle avait tourné dans plus de 250 films.

MAURICE CHEVALIER ET LES RADINS

– Et comment allez-vous appeler votre nouvelle salle de music-hall, Monsieur Goldin ?

– Che fais lui donner un nom qui fera qu'elle sera toujours en tête tes salles te Pariss… l'ABC.

En 1934, lorsque le Roumain Mitty Goldin racheta sur les Grands Boulevards le Plaza Cinéma au bord de la faillite, pour en faire un music-hall, personne n'aurait pu penser que l'ABC allait être, pendant plus de 20 ans, la référence parisienne du succès. « L'ABC » fut « l'Olympia » avant que Coquatrix ne reprenne la même formule dans les années 1955.

Des numéros et une vedette « américaine » en première partie, une vedette en seconde partie, avec un orchestre dans la fosse et une ou un présentateur qui fait le lien entre les séquences.

Tous les grands sont passés à l'ABC, Trenet, Montand y ont même débuté…

Alors qu'il était à l'affiche en vedette depuis une dizaine de jours, Maurice Chevalier vient un après-midi à l'ABC, pour faire un « raccord » avec son orchestre et, dans le hall d'entrée, se trouve nez à nez avec son directeur Mitty Goldin.

– Ça va patron ?

– Ça va, ça va cher Maurice, mais ça pourrait aller mieux.

– Quoi ?, fait Chevalier en montrant la queue qui s'étire jusque dans la rue pour la location, *on refuse du monde tous les soirs.*

– *Foui, bien sûr…*, dit Goldin qui, baissant le ton, s'approche en confidence de l'oreille chevalière… *on en refuse moins que la semaine dernière… Hé!*

« Il était d'une radinerie ! », concluait Maurice, lequel, sur ce plan-là, n'avait rien à lui envier à ce qu'ON disait…

Pour ma part, un jour, Albert Préjean m'a raconté :

« À ce moment-là, je tournais dans les studios de la Victorine à Nice et, après le boulot, j'emmène quelques amis dans un bar que je connaissais bien pour y prendre un verre, lorsqu'au moment d'entrer…

– *Oh, Albert !*

– *Oh, Maurice !*

On s'embrasse, on était amis sans plus, mais normal je lui propose de venir trinquer avec nous. Il regarde sa montre.

– *Alors vingt minutes, pas plus !*

J'accepte en rigolant cette limitation amicale et on s'installe. Il anime la conversation avec quelques anecdotes, tout se passe bien, et puis comme je sens le moment venu, je fais signe discrètement au patron et, tout aussi discrètement, le garçon m'apporte la note. Comme je mets la main sur la soucoupe, Maurice me saisit le bras.

– *Tu permets !*

Je proteste bien sûr.

– *Non, non, c'est moi, il n'est pas question que…*

Mais il ne lâche pas prise.

– *Non, seulement pour voir…*

J'ouvre des yeux effarés. Qu'est-ce qu'il veut dire ?

– *Montre !…*

Il est tellement persuasif que je le laisse prendre la note, qu'il déplie et regarde. Alors, à mon grand étonnement, il remet note et soucoupe dans les mains du garçon et lance au patron :

– *Alors ? On ne fait pas 10% pour les artistes ?* »

Albert Préjean n'avait jamais oublié ce moment de honte, d'autant plus que le patron, confus, avait cru bon de rectifier le total.

– *J'ai attendu que Maurice soit sorti pour laisser un royal pourboire au garçon, j'avais peur qu'il ne lui en redemande 10%.*

BELLEMARE MORDU PAR UN TÉLÉPHONE

– *Moi, je sais qui c'est qu'a cassé le téléphone…*

De sa petite voix fluette, Maria Pia, quatre ans, tente vainement depuis quelques instants d'attirer l'attention d'un des grands corps qui s'agitent au-dessus d'elle.

Il est vrai que le moment est mal venu. Son père, Pierre Bellemare, est en pleine ébullition. Or, qui n'a jamais vu Pierre dans ces cas-là ne peut se douter combien il est difficile de le distraire de son propos.

Son pouvoir de concentration est tel qu'un pétard pourrait exploser à ses pieds, il ne l'entendrait même pas.

Là, en l'occurrence, l'interphone est détraqué… On ne peut plus converser entre l'appareil de la chambre et celui du salon…

– *Je raccroche et tu m'appelles,* hurle Pierre à Roseline, son épouse, qui est dans la chambre à l'autre bout du couloir.

Cramponnée à son nounours, Maria Pia, nullement impressionnée par l'extrême agitation que cette panne téléphonique provoque, précise, pour moi, puisque son père ne l'écoute pas :

– *C'est la p'tite souris qu'a cassé le téléphone…*

Levant son œil candide vers moi, elle comprend à mon sourire que j'ai saisi son propos.

– La p'tite souris ?

Encouragée par ma question, elle va poursuivre son explication lorsque l'immense voix de son père la contraint au silence.

– Tu appuies sur la pédale, chérie, et tu fais le 3…

La voix de Roseline parvient du fond du couloir.

– Oui, ça ne sonne pas ?

– Non… Recommence…

Dans le silence rétabli, la petite voix adorable poursuit son récit.

– Oui, c'est la p'tite souris, elle est entrée par le p'tit trou et elle a tout mangé c'qui y'avait dans son ventre…

– Tu fais le 3, chérie ?, tonitrue le grand Bellemare, l'œil rivé sur l'appareil…

Maria Pia ouvre la bouche…

– Tu n'oublies pas d'appuyer sur la pédale… Un temps.

– Alors, la p'tite souris…

– Tu raccroches, chérie, tu décroches…

– La p'tite souris…

– Tu appuies seulement après… A… près !

Chaque fois qu'elle veut parler, l'énorme organe de son père la contraint au silence…

– La p'tite…

– Et tu fais le 3, c'est pourtant pas compliqué…

Ému par cette disproportion, le murmure de la source et le fracas de l'océan, je m'accroupis, prêtant une oreille attentive à cette petite chose accrochée à son idée…

– La p'tite souris, elle a tout mangé et, comme elle avait un gros ventre, elle a pas pu ressortir par le trou, alors c'est pour ça que le téléphone il est cassé…

Satisfaite d'avoir pu terminer son histoire, Maria Pia me fait un signe de tête en guise de conclusion et, tandis que son père secoue l'appareil, on entend quelque chose bringuebaler à l'intérieur.

– Il est tombé cet appareil, tonitrue Bellemare… *Chérie, il n'est pas tombé par hasard ?*

À petits pas, Maria Pia sort de la pièce, son nounours serré contre son cœur… Arrivée à la porte, elle se retourne vers moi…

C'est le moment où, de nouveau, son père agite l'appareil dont une pièce s'est manifestement détachée à l'intérieur.

– *Il n'est pas tombé cet appareil… chérie ?*

Alors, pour moi seul, dans le silence qui suit, Maria Pia m'adresse son ultime message, juste en remuant les lèvres, sans émettre aucun son, consciente de l'inutilité de la lutte.

– *Non, c'est la petite souris…*

Puis, elle disparaît dans le couloir en sautillant, laissant son père à ses obsessions d'adulte et à ses cris de guerrier iroquois.

Lorsque Pierre se rappelle que je suis là et qu'il me fait réentendre le bruit du téléphone cassé, je ne peux pas résister au plaisir de lui répondre :

– *Oui, c'est la p'tite souris…*

Il m'adresse un regard de Piéta avant de poursuivre son propos avec Roseline qui rentre dans la pièce… Derrière sa mère, Maria Pia, son ours dans les bras, m'observe fixement… Je lui fais signe, un doigt sur les lèvres, que c'est un secret qui doit rester entre nous.

Elle m'adresse son plus beau sourire et je crois même voir le nounours me faire un clin d'œil complice. Près de moi, Bellemare pousse un cri de douleur.

– *Tu t'es fait mal, chéri ?*

En voulant ouvrir l'appareil, il s'est coincé un doigt qu'il secoue en grimaçant… Maria Pia et moi échangeons un nouveau regard. Nous savons bien que c'est la « *p'tite souris* » qui l'a mordu.

QUAND MARCEL CARNÉ PIÉTINE SON CHAPEAU DANS « LES ENFANTS DU PARADIS »

– Pour moi, tous les films, toutes les pièces de théâtre sont dans l'écriture. La «page blanche», c'est l'auteur. Sans lui, il n'y a rien, rien.

– Vous voulez dire que Les Enfants du paradis, *c'est davantage Prévert que Carné ?*

– Je ne dis pas ça, car évidemment la réalisation compte pour beaucoup et la direction d'acteurs aussi, mais j'ai toujours trouvé injuste de dire : «c'est un film de tel metteur en scène», en oubliant le nom de l'auteur.

Cette conversation en tête à tête avec Madame Arletty, je n'ai jamais pu la lui faire redire en public lorsqu'au cours d'une soirée cinéma, j'eus le privilège d'avoir la célèbre « Garance » en direct au téléphone…

Et pourtant, elle avait raison. On dit, en parlant des *Enfants du paradis*, qui fut déclaré comme le plus grand film de tous les temps en 1995, « le film de Marcel Carné », oubliant quelque part Prévert, à l'origine d'autres « feuilles blanches » remplies comme cette colossale rigolade de *Drôle de drame*, sans oublier *Quai des brumes*, *Le Jour se lève*, etc.

Cela n'enlève rien au talent de Marcel Carné que j'ai eu le privilège de voir travailler puisque je suis un des rares « *Enfants du paradis* » identifiable (pour le moment !) avec 70 ans de recul. Flash dans « mon CV », qui me faisait me planquer près du poste de télé noir et blanc lors de la projection du film, un dimanche soir, disant à mes enfants, le doigt prêt à se pointer sur l'écran :

– *Attention, regardez bien… Ça arrive… Attention… Je suiiiis : LÀ !…*

Et le temps de poser mon index… je n'y étais plus.

Et pourtant, ce plan éclair de 3 secondes m'avait valu trois jours de tournage au « paradis », juste à la droite de Gaston Modot qui jouait un faux aveugle, lequel, dans le film, se lève pour crier à l'intention de Jean-Louis Barrault qui rentre en scène dans l'habit de Pierrot :

– *Salut Baptiste !*

Trois jours exceptionnels où, sur la scène du théâtre des Funambules reconstitué dans les studios Francœur, évoluaient Pierre Brasseur et Arletty, avec en prime les mimes de Jean-Louis Barrault, alias Baptiste Deburau.

Formidable spectacle pour le jeune apprenti comédien que j'étais alors en 1943, au Centre du spectacle, rue Eugène Flachat, dans l'hôtel particulier des Bouchara réquisitionné par Vichy…

Les élèves, dont Charles Aznavour, Jean Poiret, Mouloudji entre autres, y venaient surtout pour la cantine du midi, étape précieuse en cette époque de restrictions alimentaires.

Dans le réfectoire, nous déjeunions sous l'œil atone et paternel du maréchal Pétain, portrait affublé un jour d'une moustache noire et d'une mèche à la Hitler par une main anonyme.

Cela nous valut un savon collectif d'un des chefs politiques du « Centre » dont je n'ai retenu qu'une phrase :

– *On ne mord pas la main qui vous nourrit…* (sic)

Ce chef, je l'ai retrouvé avec surprise plus tard à la télé. C'était *Pierre Sabbagh…* Bref !

Engagé parmi la foule des frimants occupant le théâtre en stuc, je dégustais avec avidité les faits et gestes de tous ces pions indispensables à l'animation d'un plateau, lesquels éclairent, clouent, repeignent, maquillent, calent un traveling, mètrent les distances sous la houlette d'un Marcel Carné en bretelles et chapeau mou sur sa tête ronde. Avec un porte-voix antique, René Blondy, l'assistant, nous indiquait les réactions qu'il attendait dans la salle.

– *Là, vous applaudissez ! Là, vous riez ! Là, vous sifflez !*

Je satisfaisais à toutes ces demandes, rêvant qu'un jour je serais peut-être, moi aussi, dirigé par Monsieur Carné… en tant que vedette, bien sûr, car il était de notoriété professionnelle qu'il « en était »… moi pas… et même si… je n'étais absolument pas « son genre », personnifié par les jeunes gens musclés façon Roland Lesaffre. On racontait même qu'on le voyait avant guerre guetter à Saint-Lazare les matelots en perm', un peu paumés à la descente du train. Bref ! Ce jour-là, Carné n'était pas heureux, ça se voyait à ses gestes saccadés, et son chapeau en auréole ne présageait pas une humeur satisfaite.

– *Débrouillez-vous comme vous voulez, mais je veux ça, NA !*

C'est du moins ce que je traduisais avec la distance qui nous séparait de la scène sur laquelle la caméra sur traveling devait opérer.

Et de sortir précipitamment en coulisse d'un p'tit pas aussi serré que ses fesses, ce qui en disait long sur l'état d'ébullition du cerveau « carnélien ».

Quelques minutes plus tard, voilà notre Carné qui refait son apparition, chapeau cette fois en bataille, pas de chasseur, il s'approche de Blondy, son fidèle assistant avec lequel il échange quelques phrases. À ses gestes définitifs, toute la salle comprend que ça « barde ». Le patron n'est pas content, mais alors pas content du tout. Le murmure des conversations de ces quelque 500 figurants répartis dans la salle s'est soudainement éteint. Un silence respectueux s'est installé, on voudrait entendre.

Tout à coup, dans un geste totalement imprévisible autant qu'insensé, Marcel Carné lance son chapeau mou, gris perle, à ses pieds puis, dans un accès de fureur irréversible, le piétine, proférant des jurons dont la bienséance m'interdit de reproduire ici la haute teneur scatologique.

C'est alors que je vais savourer cet instant unique. Après un « Oh ! » de surprise, le rire puis un tonnerre d'applaudissements partent de cette salle toute à la joie d'assister à ce numéro aussi étonnant que révélateur.

Surpris et conscient du ridicule de la situation, le grand metteur en scène a ramassé son chapeau, jeté un regard noir vers cette foule que sa fureur puérile avait fait oublier et, comme les applaudissements redoublaient, ponctués de cris divers de ces véritables enfants du paradis – *Bravo, bis, encore…* –, Carné, claquant son chapeau cabossé contre ses cuisses, est sorti précipitamment non sans avoir pointé un poing vengeur en direction de la salle. Le doigt d'honneur n'avait pas encore été importé de l'Algérie française.

Nous n'avons pas revu Carné de la journée et, comme le lendemain on tournait la fameuse scène avec Arletty sortant du puits entourée de Brasseur-

Alequin et Barrault-Baptiste, nous eûmes droit à un numéro de tout autre qualité qui nous fit oublier le moment où Monsieur Carné avait « pété ses p'tits plombs ».

« *Il n'y a pas de grands hommes pour son valet de chambre* », avait dit Napoléon.

Carné avait oublié qu'il y avait un vrai public dans la salle et que ce public, avide de bons numéros, savait les reconnaître et les apprécier. Le grand metteur en scène avait fait ce jour-là un « tabac ».

Chapeau !

L'ÉNIGME D'AIMOS, LE TITI PARISIEN MORT EN HÉROS ?

– *Commissaire FFI du XVIe, où est le patron de la boutique ?*

– *C'est mon père... Il est en courses.*

– *Tu lui diras que l'on ne veut plus de ce type-là dans la vitrine.*

Ce disant, l'homme a écarté le rideau qui isole la vitrine du magasin, il a saisi le cadre dans lequel se trouve le portrait de l'acteur Aimos, bordé d'un ruban tricolore...

– *Tu es trop jeune pour que je t'explique, mais ton père saura trouver pourquoi on fait ça dans toutes les boutiques du quartier...*

D'un geste expert, l'homme a ouvert le cadre, retiré la photo qu'il déchire et mis les morceaux dans sa poche.

– *Ce mec était un salaud vendu aux Boches ! Salut petit.*

Et me voilà, en ce septembre 1944, avec un cadre vide dans les mains, plongé dans un abîme de réflexions...

Aimos, le titi parisien de *La Bandera*, de *Monsieur la Souris* et de tas d'autres films, Aimos, qui résidait à deux pas de la teinturerie paternelle[6], rue Chanez, Aimos qu'on avait dit mort en héros sur les barricades lors de la Libération de Paris, Aimos, cet acteur de cinéma tombé au champ d'honneur, n'était qu'un traître, un vendu, un salaud, déchiré en mille morceaux.

---

6. Mon père avait une boutique de teinturerie 51 rue Molitor, à Paris.

La réaction de mon père, quelques instants plus tard, me plongera aussi dans un abîme de réflexions héréditaires.

– *Il n'a tout de même pas emporté le cadre !*

Évidemment, comme tous les commerçants du quartier de la Porte d'Auteuil, mon père n'avait pas hésité à acheter deux des photos que de tout jeunes FFI à brassard étaient venus lui proposer : le général Leclerc, chef de la 2e DB, et Aimos, le héros du quartier mort sur les barricades. C'était une preuve de civisme et une démarche réactive par rapport aux commerçants qui avaient exposé, quelques années plus tôt, le portrait d'un autre « héros »... le maréchal Pétain. Cette photo avait été proposée aux mêmes commerçants dans des conditions identiques, par des envoyés du Secours national mandatés par la francisque tricolore de Vichy. Mon père s'en était porté acquéreur par circonspection, mais l'avait prudemment reléguée au fond d'un tiroir, non loin de la vitrine.

– *On ne sait jamais !*

N'avait-il pas penché, comme une majorité de bons Français, dans les années 1941, 1942 et 1943... pour la « *collaboration astucieuse et opportuniste* » du Maréchal avant d'avoir été convaincu de la victoire finale de De Gaulle allié aux Anglo-Américains, par un certain M. Delpérier... ?

Celui-ci, un petit bonhomme rondouillard de partout, lui parlait longuement et toujours à voix basse dans un coin de la boutique. « *Oh, il en sait long !* », disait mon père pour toute réponse à nos questions le concernant, avec « *Il est bien placé !* » pour variante.

Papa avait, au fil des mois, une telle confiance en lui qu'il vendit sa chevalière en or pour lui confier une somme appelée à être doublée au départ des Allemands.

– *M. Delpérier m'a donné un reçu officiel à en-tête des Forces françaises libres...* Alors !

Pour en revenir à Aimos, les renseignements obtenus auprès des autres commerçants du quartier se résumèrent ainsi :

– *Aimos était un familier de la sinistre bande Bonny-Lafont, il a voulu retourner sa veste et, repéré sur les barricades, fut exécuté par les FTP* (communistes).

De fait, le comédien fut bel et bien tué du côté de la gare du Nord en août 1944, sur une barricade, en chemise avec un brassard FFI... Oui. Mais comment ?

– *Sous les balles d'une patrouille allemande…*

– *D'une balle dans le dos…*

– *D'une rafale de mitraillette Sten…*

Héroïsme ? Bavure ? Règlement de comptes ? On ne saura jamais sans doute la vérité. Ce que je sais, moi, c'est qu'un chef « FFI » (?) m'a montré un laissez-passer tricolore (?), qu'il a déchiré la photo d'Aimos en me disant que c'était un salaud. Qu'il est reparti en me laissant un cadre vide…

Même que papa y a placé la photo du général de Gaulle pour faire pendant à celle du général Leclerc dans la vitrine.

Et la photo du Maréchal ?

Lorsque j'eus la curiosité de regarder dans le tiroir, elle avait disparu, comme M. Delpérier… dont le nom était devenu curieusement tabou.

Papa, ayant poussé une visite au domicile que celui-ci lui avait indiqué, apprit que personne de ce nom n'avait jamais habité là. Muni d'un précieux reçu à en-tête des FFL, papa qui s'était rendu ensuite à la mairie du XVIe, revint penaud en nous parlant « d'enquête, de recherche, de mystères… ». Bref : *il n'était pas le seul dans ce cas-là !*

Suprême consolation. Contrairement au poème de Prévert, il y a toujours quelque joie à ne pas être le seul « Ducon » sur la Terre.

À la mort de papa, le papier officiel des FFL s'était envolé comme le portrait du Maréchal et la photo d'Aimos…

Autant en emporte la petite histoire.

« LE CHRIST » FRAPPÉ D'INDIGNITÉ NATIONALE...

Et 10 ans de prison ferme. C'est le verdict du procès qui frappa Robert Le Vigan à la Libération, pour antisémitisme et relations avec l'ennemi. Or, en 1935, il avait incarné le Christ dans un film de Julien Duvivier qui fut passé dans tous les patronages catholiques de France, ayant eu peu de succès auprès du grand public.

Le Vigan, acteur pénétré de mystère, avait séduit Mme Colette qui le qualifia « *d'immatériel et quasi céleste* ». Remarqué et remarquable dans des films qui figurent en bonne place dans l'histoire du septième art tels *La Bandera*, *Les Bas-fonds*, *Quai des brumes*, *Les Disparus de Saint-Agil* ou *Goupi mains rouges*. Il suivit Céline dont il était l'un des intimes, à Sigmaringen, avant d'être arrêté et condamné à Paris.

Libéré en 1948 pour bonne conduite (?), il s'exila en Espagne puis en Argentine où il vendit des p'tits gâteaux dans les rues de Tandil pour ne pas mourir de faim. Il y mourut en 1972, ayant refusé quelques années plus tôt l'offre de reparaître dans un film de François Truffaut.

Dans *Golgotha*, il interpréta un Christ un peu grimaçant, mais dont le visage restait très proche de celui attribué au « Sacré-Cœur ». Icône largement diffusée à l'occasion de la construction de la basilique qui posa cette « crotte

Autre temps, tous les regards convergent vers le chef de l'État qui ne peut empêcher qu'un sourire entendu s'affiche au coin de ses lèvres, puis, avec l'autorité qu'il savait si bien utiliser dans ses conférences de presse :

– *Question suivante !*

GUITRY ET LE PINCEAU DE MONET

– *Cher Maître, si j'osais vous demander…*

– *Osez, mon jeune ami, osez.*

– *En souvenir de ce grand jour pour moi et pour la postérité qu'il représente, j'oserai vous demander, non pas un tableau mais un de vos pinceaux…*

1912, chez Claude Monet à Giverny, ce jeune gaillard de 27 ans qui vient de filmer le grand peintre dans son atelier, c'est Sacha Guitry. Formidable initiative du fils d'un des plus célèbres acteurs de ce temps. Fixer pour la postérité les gloires de l'époque grâce à cette géniale invention des frères Lumière, les bien nommés, le cinématographe. (Que la télévision naissante des années 50 n'ait-elle eu cette même initiative systématique… J'ai le souvenir d'avoir vu en direct Henri de Monfreid, célèbre aventurier reporter, dire en parlant du café Procope où, depuis Voltaire, se retrouvaient les intellectuels de tous bords : « *Et dans son coin, devant son absinthe, Verlaine, de sa petite voix efféminée, jouait au "poil au…"* »

Témoignage auditif à jamais perdu ! Alors, combien d'autres…)

Bref, Guitry, lui, fit un film-musée où l'on peut voir vivre Rodin, Renoir, Sarah Bernhardt, Anatole France et Monet…

Monet auquel il demande ici, en souvenir, un de ses pinceaux.

– *J'en vois un bouquet multicolore dans ce pot, et si vous m'y autorisez, je prendrai celui-ci qui est barbouillé de vos couleurs vertes comme vos nymphéas…*

Comme Sacha tend la main vers le pinceau qu'il désire, Monet lui tape sur le bras.

– *Mais non, pas ceux-là, ils sont tout secs et barbouillés…*

Et, ouvrant un tiroir rempli de pinceaux neufs :

– … *Prenez plutôt celui-ci, il pourra vous servir.*

Souriant de la naïveté du peintre, Guitry se résigna :

– *Soit, mais alors vous allez me le signer sur le manche…*

Ce qui fut fait. Et ce pinceau figura dans la collection impressionnante dont Guitry s'entoura dans son musée vivant de la rue Élisée-Reclus.

Alain Decaux, qui avait eu le grand honneur d'être reçu maintes fois par le Maître, connaissait l'historique de ce pinceau et, lorsque les trésors de Guitry furent vendus aux enchères après sa mort, il s'y rendit avec la ferme intention d'acheter ce pinceau dont la signature à l'encre, à peine visible sur le manche, aurait pu échapper aux amateurs.

– *À l'époque,* m'a raconté Alain récemment chez lui, *je n'étais pas très riche et j'avais compté sans la présence dans la salle des ventes d'un individu qui lui aussi connaissait « l'histoire du pinceau neuf »… Et le prix du pinceau s'est mis à monter, je peux même dire qu'il s'est envolé… Mais je m'étais juré de l'avoir, ce pinceau… À chaque surenchère, malgré moi, je voyais ma main se lever sans pouvoir la retenir… Alors, je me suis ruiné, mais je l'ai eu… J'ai mis des mois à rembourser mes amis qui avaient bien voulu me dépanner et le voilà, là, encadré…*

Et dans un joli cadre, j'ai vu avec émotion ce pinceau neuf, tout propre, avec sur le manche, à peine lisible mais évidente, la signature de Monsieur Monet, cette signature qui vaut aujourd'hui des millions de dollars et qui fut, un jour de 1912, apposée là, à la requête d'un jeune cinéaste de 27 ans qui avait compris tout l'intérêt de cette nouvelle invention, qui allait mettre la vie en conserve et donner aux gestes des hommes l'immortalité. La preuve : tapez « Ceux de chez nous » et regardez !

UN YACHT DANS LES MARGUERITES OU BELLEMARE COULE SON BATEAU

– *Mes enfants, je ne vois plus qu'une seule solution…*

Le capitaine Bellemare tourne un regard éperdu sur l'équipage en grande écoute. Son œil bleu outremer réévalue une nouvelle fois l'effet pitoyable qu'ont eu les quarante sacs de plâtre sur la ligne de flottaison de son navire et laisse tomber cette phrase « extravagantesque » :

– *Il faut COULER le bateau.*

Un obus de 75 éclatant au cœur de la timonerie n'aurait pas eu plus d'effet. Un temps, et le rire du mousse s'élève, appréciant la bonne plaisanterie.

– *Ah ah ! Couler le bateau !*

Fusillé sur pied par le regard du grand capitaine, l'hilarité que le moussaillon avait fait naître se fige sur les lèvres de l'assemblée.

– *Oui, p'tit imbécile, j'ai bien dit « couler le bateau » !*

L'espace d'un flash, des images en noir et blanc défilent sur l'écran de mes souvenirs de guerre de naguère : le « *Graf von Spee* », « *Mers el-Kébir* », « *La flotte de Toulon* »… Qu'est-ce qu'il raconte ? Bellemare aurait-il brisé ses amarres ?

– *Viens, Jean-Paul, tu vas m'aider !*

Sur un bateau, les ordres du capitaine sont sans appel. Tout en suivant le chef, je ne peux m'empêcher de revoir Alec Guinness enveloppé dans les plis de l'Union Jack, disparaître sous des flots de rire dans le film *Noblesse oblige*.

Tandis que je suis le grand Viking, je ressasse les événements qui ont amené Bellemare à prononcer cette phrase néronienne :

– *IL FAUT COULER LE BATEAU !*

Un bateau tout neuf, sorti des chantiers Cristal d'Arcachon en juillet 1962. À son bord : le capitaine Bellemare, sa femme d'alors Micheline, leur fils Pierre, 10 ans, le quartier-maître Rouland, sa femme d'alors et leur fils Patrick, 14 ans. Itinéraire prévu : Arcachon, la Gironde, Toulouse, le Canal du Midi, Carcassonne, Port-la-Nouvelle, la Grande Bleue et les Baléares. Un rêve sur l'onde bleue au soleil des vacances.

Las, si le trajet Arcachon-La Cité des Violettes fut une promenade digne de ce nom, les premiers soucis vont commencer à Toulouse sitôt le yacht entré sous le tunnel qui traverse la ville…

Le toit de la timonerie y passait bien sous haute surveillance avec dix centimètres de marge, pas plus…

– *Ça passe juste, mais ça passe !*

À peine fait vingt mètres, un p'tit coup d'accélération trop appuyé, le bateau dérape et PAN !, le liston qui borde le toit à tribord vole en éclats.

– *Parez à la gaffe. N… de D… débordez, débordez ! Pas si fort !*

Panique à bord, je me précipite sur la gaffe et me heurte à mon fils qui a eu le même réflexe. Huit mains et une gaffe repoussant la paroi rugueuse… Et celle d'en face surgit de la pénombre et PAN, le liston bâbord se déguise en étoile.

– *Mais qu'est-ce que vous foutez N… de D… ? Vous voyez pas !*

Décélérations, coups de barre, et PAN, nouvelle avarie à bâbord, et PAN, c'est tribord qui trinque. Je ne sais plus où donner de la gaffe.

– *Débordez, quoi !… Débordez, quoi, m… Je fais marche arrière.*

À l'inverse du *Bateau ivre* de Rimbaud, ce n'est pas la quille qui éclate mais les bordures du toit.

– *Poussez, bon sang… Mais poussez, quoi !*

Trois paires de mains plus une gaffe repoussent le mur d'un côté avant de courir de l'autre et le pire m'arrive… Devant ce désastre maritime consommé, un fou rire sournois me monte à la gorge ; j'ai beau faire gaffe de tous côtés, je glousse comme un dindon, je hoquette d'un rire avalé et, lorsque le bateau ressort enfin à l'air libre, la vue, sur le quai, d'un badaud qui se tient les côtes, plié de rire, me fait exploser. Je tombe à genoux, anéanti par la « pouffe », la gaffe plantée haut comme un hallebardier d'opérette recevant la bénédiction épiscopale.

– *Qu'est-ce qu'il a Jean-Paul,* crie Bellemare, *il s'est fait mal ?*

– *Non,* répond son fils, *il rigole.*

– *C'est bien l'moment !*

Comme si on pouvait contrôler ses larmes, qu'elles soient de rire ou de douleur ! Je me calme en respirant à fond et me joins aux doléances de l'équipage. Les dégâts dûment observés, un constat s'impose.

– *On ne passe pas ! Sûr, on ne passe pas ! J'appelle Arcachon.*

Le lendemain, deux charpentiers du chantier Cristal sont sur le pont, occupés à dévisser le toit du roof.

– *Pourtant,* fulmine le capitaine Bellemare, *les plans du bateau ont été soumis aux services des Mines, en précisant que nous prenions le canal du Midi...*

Le chef charpentier lève sur le grand Viking un œil désabusé.

– *Ils s'en foutent pas mal !*

– *J'ai bien lu,* insiste Pierre, *tirant d'eau (profondeur) 1,40 mètre, tirant d'air (hauteur sous ponts) 3,30 mètres et...*

– *Sur le papier,* coupe l'autre, *mais depuis Louis XIV, Dieu sait s'il y en a eu de la vase qui s'est accumulée au fond, alors pour garder son 1,40 mètre de profondeur plutôt que de draguer, ce qui coûte bonbon, ils rajoutent de l'eau et... le tirant d'air diminue d'autant sous les ponts. Y'a même plus 3 mètres, c'est là toute l'histoire !*

– *D'accord ! Mais... alors ?*

– *Alors ça ! On espère que sans le toit du roof, ça va passer ! C'est tout...*

Espérance vaine sous le pont de Carcassonne, où, l'écluse en aval venant de fermer, la masse liquide bute contre sa porte, ce qui nous permet d'entrer sous le tunnel, mais le ressac arrière arrivant plaque le bateau contre le plafond. Les vitres du roof commençant à se bomber comme des ballons de baudruche.

– *Attention, poussez sur le plafond, les vitres vont péter...*

Douze bras s'arc-boutent sur le plafond en pure perte.

– *Poussez ! Poussez...*

Grâce au ciel, l'onde se met à baisser, les vitres retrouvent leur rectitude normale et le capitaine en profite pour filer jusqu'au prochain quai de l'autre côté de la ville en plein air, où un grand bâtiment en béton «*Matériaux de construction*» semble providentiel aux yeux du capitaine en plein maelström.

– *Il faut lester le bateau! Et du lest, on peut en trouver là.*

Le patron de l'établissement, fort aimable, écoute en souriant les doléances du grand Bellemare en rupture de télé, puis feuillette son agenda.

– *J'ai bien une commande pour Port-la-Nouvelle... mais c'est du plâtre...*

La voix du capitaine émet un écho à peine audible.

– *Ah! Du plâtre?*

– *Une tonne, ça fait 40 sacs!*

Un bateau tout neuf, type pinasse d'Arcachon, en bois précieux et chromes type Ruthénium... transformé en chaland plâtrier! Je suis obligé de me pincer pour ne pas rire!

– *40 sacs?*

– *Oui. Une tonne!*

– *Vous croyez que ce sera suffisant?*

– *Ça fait une tonne. C'est déjà pas mal... À vous d'voir!*

Et c'est là que cette tonne de lest, se révélant aussi efficiente qu'un seau d'eau dans une piscine vide, nous entendons Bellemare prendre cette décision incohérente qui pétrifie l'assistance.

– *Il faut couler le bateau!*

Pour moi, Pierre est un homme parfaitement équilibré. En le suivant, je sais pertinemment qu'il n'a pas «pété une durite». À fond de bateau, dans sa partie la plus basse, se trouve un «nable», sorte de trou fileté d'une dizaine de centimètres de diamètre qui sert à vidanger totalement le bateau en cale sèche.

Dévissé et ôté, une eau grisâtre commence à envahir le navire... L'eau! Quel meilleur lest trouver? Il suffisait d'y penser.

Assis sur une couchette à proximité du trou salvateur, je songe à la douleur muette que doit ressentir un capitaine en voyant cette eau fangeuse envahir son navire.

– *Ça commence à «charger»*, me dit Pierre revenant de l'extérieur observer la ligne de flottaison.

– *Ici, c'est le contraire, ça monte! Les vases communicants.*

Comme il est de retour quelques minutes plus tard, je constate avec stupeur qu'il tient à la main le « nable » dispensateur et obturateur de l'eau ambiante.

– *Tiens, donne-moi ça… Un geste maladroit et plouc !*

Cette remarque arrache au capitaine un sourire douloureux. En passant sur la passerelle, il glisse, lâche le bouchon fileté qui tombe dans le canal… Dans la grande tradition maritime, Bellemare n'a plus qu'à s'envelopper dans les plis du drapeau tricolore et saluer…

Quelque vingt minutes plus tard, 20 centimètres d'eau verdâtre clapotent au fond du bateau tandis que la ligne de flottaison a baissé d'autant.

– *Là, on va pouvoir passer tranquille sous les ponts*, dit le capitaine en revissant le nable.

– *Et nous pourrons dire que nous avons dormi la tête dans l'plâtre et les pieds dans l'eau.*

Ce soir-là, je rêvais d'une pirogue fantôme conduite par un Pierrot hirsute se servant de deux taloches pour pagayer dans une eau glauque aussi froide que nauséabonde…

La même qui baigna mes pieds en dégringolant de ma couchette le lendemain à l'appel du réveil. Juste compensation des aléas, un soleil prometteur d'une journée estivale pointait ses rayons à hauteur de hublot de la cabine. Le souvenir des ponts maudits, baissant sournoisement leur dos à notre passage, n'allait plus être qu'un vulgaire point d'exclamation sur le livre de bord. À nous les tirants d'air à la juste mesure du bateau-péniche que nous étions devenus.

Las ! Une autre sorte d'avatar nous attendait, plus sournois, plus pervers, et donc beaucoup plus dangereux celui-là : la FORCE D'INERTIE…

Oubliant les 40 sacs de plâtre répartis sur le toit du roof, déposé sur l'avant-pont, qui travestissaient l'élégant yacht en vulgaire gabarre de transport, nous passons allègrement ponts et tunnels depuis le matin. Allègrement ? Disons allegretto moderato car, à chaque virage du canal, la masse liquide, qui clapote sournoisement dans les soutes, a tendance à pousser le navire d'un côté opposé à celui vers lequel on veut aller. Il faut toute l'habileté et le doigté du capitaine agissant sur les deux hélices pour compenser cette propension du survirage due à la surcharge pondérale, comme un obèse joggant dans les couloirs de la Maison de la radio.

Le paysage bucolique, l'air vivifiant, le soleil de juillet au travers des platanes, les rumeurs pastorales, tout nous porte à croire qu'enfin les vacances sont là, même si nous nous déplaçons à la vitesse des rois fainéants. Une longue ligne droite, bordée d'arbres, me permet de faire remarquer aux jeunes le point d'horizon.

– *On appelle cela la perspective !*

Et de rappeler que le grand canal de Versailles long d'1,5 kilomètre semble à peu près égal à l'extrémité et à son début, vu que Le Nôtre en a constamment augmenté la largeur en s'éloignant du château.

Assis tant bien que mal sur les sacs de plâtre inutiles (on ne pouvait tout de même pas aller dire au brave homme après la prise d'eau « *Vos sacs de plâtre, vous pouvez les r'prendre, on n'en a plus rien à f… !* »), notre conversation a dérivé tout naturellement sur le grand canal de Venise et le Rialto lorsque, tout à coup, la voix du capitaine retentit, énorme, tonitruante :

– *Je n'ai plus de direction !*

De fait, au lieu de prendre un virage très serré à l'extrémité de la longue ligne droite, malgré les coups d'accélération des hélices, le bateau file droit devant lui sans la moindre bifurcation.

– *La gaffe, N… de Dieu, la gaffe. Parez devant !*

J'ten fous ! J'ai beau me précipiter vers la proue, gaffe en avant, avec la force aveugle d'un mammouth laineux en rut, propulsé par la masse d'eau poussée vers l'avant, les deux hélices moulinant « en arrière toute »… le yacht du capitaine Bellemare aborde la rive de plein fouet, fend la boue, monte sur la rive et va s'arrêter quelque cinq mètres plus loin, l'étrave au cœur d'un superbe champ de marguerites.

Et tout ça en moins de 10 secondes. Tranquillement, presque normalement, dans un chuintement troublé seulement par les hurlements des deux hélices brassant une eau, bien incapables de retenir quoi que ce soit dans de telles circonstances.

Les moteurs coupés, Bellemare bondit dans le pré, l'œil rivé sur l'étrave. Apparemment, rien de cassé. Le miracle a voulu qu'aucune pierre, qu'aucun moellon ne se trouvât là, sur cette portion de rive. Pleine terre ! Un temps… et la voix d'une femme s'élève, interrogative :

– *Qu'est-ce qui s'est passé ?*

L'œil du capitaine a viré du bleu azur au bleu marine foncé.

– Oh rien ! J'ai vu un champ de marguerites et je me suis dit « tiens, on pourrait aller en cueillir ! ». C'est tout !

Ayant rejoint Pierre dans l'herbe, je tente de désamorcer l'orage qui risque d'électriser un peu plus l'atmosphère.

– Apparemment, on a de la veine, y'a pas de dégâts !

Absorbé dans son inventaire, le silence du chef me confirme l'intensité du désordre intellectuel dans lequel barbote sa matière grise. Évidemment, si au lieu d'une rive en terre il y avait eu un mur de soutènement, j'imagine le bateau éclatant littéralement son étrave dans un bruit d'épouvante. La une du *Midi Libre* s'inscrit malgré moi sous mes yeux : « *Le bateau de Bellemare se fracasse dans un virage du canal du Midi alors qu'il transportait du plâtre à Port-la-Nouvelle. Pas de blessés, mais l'animateur bien connu de la télévision est à l'hôpital. On craint pour sa raison… Il ne cesse de chanter* Il était un petit navire. »

À grand-peine, je retiens le rire qui monte devant cette image extravagante d'un yacht dans un pré, la moitié arrière barrant la majorité du canal. Un coup d'œil en aval me montre un pêcheur, canotier sur la tête, qui range à la hâte son matériel… Il décampe au plus vite. Je n'ose imaginer le récit qu'il va faire en arrivant chez lui.

– Droit dans le pré, sans freiner, rien. Ou y zétaient souls ou y zétaient drogués. Si je m'étais assis là, j'serais pas ici pour vous l'raconter !

Ayant terminé une inspection minutieuse, le capitaine remonte aux commandes.

– Allez ! Tout le monde pousse à mon signal.

Cet ordre impératif du chef tombe à point pour dissiper mes visions délirantes.

Quelques instants plus tard, 200 cv au cul, 10 bras devant, et à l'ordre du capitaine…

Hurlement des moteurs, « ahan des pousseux »…

– STOP ! Arrêtez tout !

Le bateau n'a pas bougé d'un poil.

– Il faut bien synchroniser nos efforts… À mon signal seulement.

– OK boss !

Rehurlement des moteurs, « en arrière toute ».

– Allez-y.

Nouveaux ahan des quatre pousseux devenus rouges comme des betteraves.

– Allez, poussez… Plus fort… Encore… Stop !

Rien… Que dalle ! Que couic ! Nib de nib !

Pierre descend et contemple fixement l'énorme tas de boue éventrée qui fait ventouse.

– Il faudrait creuser…

Le silence, respectueux de la concentration patronale, a envahi les lieux du sinistre. On entendait voler un albatros…

C'est alors que la voix cristalline du petit Pierre trouble ce moment d'intensité quasi religieuse.

– Maman ! J'peux cueillir des fleurs ?

Le regard du chef dérivant lentement vers son fils planté au cœur des marguerites laisse présager un orage digne de Zeus. C'est alors qu'un « doublé » va me permettre du même coup de détourner les foudres paternelles et raviver l'espoir d'extirper au plus vite la galère de sa gangue boueuse.

– Là-bas, un tracteur… Il vient vers nous !

Jamais conducteur de Massey Ferguson ne fut accueilli avec autant d'amabilités et de grâces, ce qui compensa son ébahissement devant trois surprises de taille qui s'offraient à ses yeux :

– Un yacht dans le pré de marguerites !

– Des sacs de plâtre sur le pont du yacht !

– Le yacht conduit par deux types de la télé : Bellemare et Rouland !

Compréhensif et charmant, « Monsieur Massey Ferguson » accepta d'aller repasser le pont d'où il arrivait pour venir, face nous, haler le yacht avec un filin que lui lancerait Pierre.

– J'peux aller avec le Mons…

La demande incongrue du plus jeune se chuinta d'elle-même devant le regard de perroquet de son géniteur. On oublie très vite qu'on a connu, nous aussi, l'âge bête. Il faut avouer également que ce n'était pas non plus une très bonne idée…

Un quart d'heure plus tard, dans des gerbes d'eau brumeuses, halé par le tracteur, le bateau quittait le champ de marguerites pour regagner celui des nénuphars. Le concert de « mercis » et le feu d'artifice de bisous adressés au sauveur agricole passés, nous reprenions « le cours de nos préoccupations » nautiques. À petite, très petite vitesse, au rythme des attelages bovins de Clodion le Chevelu, nous gagnions enfin la terre promise : « Port-la-Nouvelle »…

Là, déplâtrés, lavés, purifiés, asséchés, nous allions pouvoir enfin connaître et goûter les joies estivales des vacances en bateau.

Mais, des croisières comme ça, ça ne s'oublie jamais et un demi-siècle plus tard, sur les six héros de l'aventure, cinq peuvent, à l'heure où j'écris ces lignes, encore témoigner que je n'ai pas eu besoin de « changer » une seule parcelle de ces avatars authentiques.

Aujourd'hui, le grand capitaine Bellemare court après les trains-correspondances dans le Périgord[10], au milieu de ses terres. Il a jeté l'ancre loin des rives qui l'ont vu naître. « *Fluctuat nec mergitur* » aurait pu être sa devise de base, ne venez-vous pas d'en avoir la preuve et Pierre n'est-il pas né à Boulogne-Billancourt où la Seine a encore l'air tonique du parfum parisien ?

Allez Pierrot ! Faisons comme si nous étions éternels…

---

10. Été 2011, Pierre Bellemare a été obligé de courir pour ne pas rater sa correspondance en gare de Libourne. Résultat : une hospitalisation de quelques jours sans gravité, mais alerte déplaisante due aux lacunes de la SNCF qui ne se soucie pas assez… des anciens ! Ça aussi, je peux en témoigner.

JULES BERRY ET LE SOUFFLEUR SOUFFLÉ

– *Qu'est-ce que vous dites ?*

Et, devant un public interloqué, Jules Berry ouvre la porte du décor derrière laquelle le malheureux souffleur, chargé de lancer les répliques à l'acteur, se tient, brochure à la main.

Le tirant par le revers de sa veste, Berry le fait entrer sur scène, bien en vue de tous, répétant sa question :

– *Allez-y mon vieux, qu'est-ce que vous disiez ?*

Le visage empourpré et l'œil de perroquet de cet homme pénétrant contre son gré sur scène font éclater de rire le public, réalisant l'énormité de la situation. Jules Berry, désinvolte et volubile, comme s'il était dans un salon, se met à commenter cet événement aussi cocasse qu'inattendu.

– *Mais j'avais entendu la réplique, mon vieux... Tout le monde d'ailleurs dans la salle avait pu l'entendre. Mais je joue, Monsieur !... Entre les répliques, il y a le jeu de l'acteur... D'accord, parfois, il m'arrive « d'en faire » un peu plus longtemps... Mais je joue...*

Et d'improviser tout un sketch qui se terminait par la remise à sa place de l'infortuné souffleur qui finissait par faire semblant de rire de la situation.

– *On l'applaudit pour l'encourager pour la suite...*

Sous un tonnerre d'applaudissements, Jules Berry referme alors la porte et enchaîne le cours de la pièce…

Bien sûr, Jules Berry, en vieux cabot qu'il était, connaissait l'énorme succès de ce procédé utilisé des années avant lui par Frédéric Lemaître, et dont Prévert conte l'anecdote de « L'auberge des Adrets » dans *Les Enfants du paradis*.

Plus près de nous, j'ai vu Jean Lefebvre interrompre la pièce qu'il jouait aux Nouveautés pour s'adresser brusquement à des spectateurs dans la salle :

– *Vous v'nez d'où ?*

– *De Clermont-Ferrand.*

– *Ah ben, les Clermontois, j'les connais bien. Figurez-vous qu'un jour…*

Et de descendre dans la salle pour partir dans un dialogue aussi improvisé qu'échevelé avec ces braves gens hilares, tandis que, sur scène, les acteurs faisaient semblant de joindre leurs rires à ceux de la salle…

– *Le public adore ça !*, disait fort justement Lefebvre pour se justifier…

Comment dire le contraire lorsqu'après trois ou quatre minutes d'improvisation, il remontait jouer la pièce dans une salve d'applaudissements ? Qu'en penser ? La réponse varie suivant que vous serez acteur, auteur ou spectateur…

Pour revenir à Jules Berry, merveilleux acteur, ignoble à souhait au cinéma dans *Le Crime de M. Lange* en curé, ou en odieux dresseur de caniches avec Arletty dans *Le Jour se lève* de Carné-Prévert, sa vie fut à l'image de sa désinvolture. Marié à la délicieuse comédienne Jane Marken, celle-ci le quitta un jour en lui laissant un mot lapidaire : « *J'ai assez ri !* Signé *Jane.* »

Ruiné par le jeu et les courses, il finit ses jours dans la mistoufle la plus complète. Un jour, en « grande panne » sur la côte, après une mauvaise série au casino, il adresse un télégramme à Yves Mirande, auteur et ami, aussi cabot que lui.

– *Envoie-moi 1000 francs, je le dirai à tout le monde.*

Il reçut cet argent, accompagné de ces mots :

– *Voilà tes 1000 francs, mais surtout, ne le dis à personne.*

PIERRE DORIS
ET LES PAUVRES... DE L'OLYMPIA

– Et les pauvres ? Vous vous en foutez pas mal des pauvres... Vous êtes là, bien au chaud, dans vos p'tits costards de laine et vos p'tits ch'misiers d'soie...

Nous sommes à l'Olympia dans les années 1970 et, dans une loge de corbeille, les deux dames qui nous côtoient échangent un regard éperdu... « *Qu'est-ce que c'est encore que ça ?* »

Elles sont venues pour voir la vedette du spectacle, Marcel Amont, ce si charmant jeune homme bien élevé et tout, et voilà qu'avant l'entracte, à la fin de la première partie, une espèce de gros pourceau leur distille depuis quelques minutes des énormités auxquelles d'ailleurs elles ne comprennent rien.

Le « gros pourceau », vous l'avez reconnu, c'est Pierre Doris, dit dans le métier « le père Dodo », un adorable comédien qui s'est fait une spécialité dans le « mauvais goût » au cabaret.

Évidemment, entre le public de cabaret, à l'avant-garde de l'humour, même noir, et le public de music-hall, il y a un monde difficile à cadrer. C'est le cas pour ce numéro que l'on pourrait qualifier de surréaliste... D'autant que Doris n'a pas fini de surprendre.

– Vous voyez qu'vous vous en foutez pas mal des pauvres ! Eh bien, ce soir, on va faire quelque chose pour les pauvres... Parfaitement, et tous ensemble...

Nouvel échange de regards interloqués entre mes deux voisines.

– … *Et tout de suite. Pour les pauvres, hip hip hip… ?*

Le « hourra » minable des uns, mêlé aux rires honteux des autres, fait rebondir Doris.

– *Vous voyez qu'vous vous en foutez pas mal des pauvres… Allez, un p'tit effort, ça coûte rien… Pour les pauvres, hip hip hip… ?*

Le « hourra » plus nourri amène une réflexion à mi-voix d'une des dames :

– *C'est d'un mauvais goût !*

Comment ne pas rire au vingt-cinquième degré, ce qui me valut une œillade navrée de mes voisines qui me prenaient jusque-là pour un homme bien élevé ? Je venais de perdre deux admiratrices.

Merveilleux Doris, vieux radical socialiste convaincu, doté d'une générosité à toute épreuve. Sa bonhomie rondouillarde fit merveille dans bien des théâtres et sur bien des écrans.

Je ne résiste pas à citer une de ses « brèves » géniales qui résume bien des drames de la littérature universelle.

– *Ma femme sait avec qui je la trompe… Elle se demande avec quoi.*

CLAUDE DARGET ET LE « MARRONNIER » CHURCHILL

Dans la presse, un « marronnier » est un sujet bouche-trou qui revient de façon récurrente comme la photo du « *premier marronnier des Champs-Élysées en fleurs* » qui illustrait chaque année l'arrivée du printemps à la une des journaux parisiens.

L'expression fut très vite adoptée par la toute jeune télévision qui, pour boucler le journal « les jours maigres », diffusait des reportages sans aucun intérêt. C'est ainsi qu'un soir Claude Darget fit ce commentaire exemplaire...

Le sujet, tourné sur un tarmac de province, équipé sommairement, montrait une grosse cylindrée qui venait s'arrêter près d'une passerelle donnant accès à un bimoteur des années 1950. Winston Churchill, alors à la fin de sa longue vie, était « extirpé » du véhicule, gros cigare au bec. On l'aidait à gravir les marches. Avant de pénétrer dans l'avion, le vieux dog anglais se retournait vers la caméra, adressait le « V » de sa victoire contre le nazisme bien méritée avec deux doigts écartés, à la suite de quoi on l'enfournait dans l'appareil.

Avouez que pour un « marronnier », c'était le type même du sujet non pas « bateau » mais aérien... Sujet sauvé par le talent de Darget qui disait en trois phrases :

– *Le vieux lion arrive...*

Un long temps, la voiture arrêtée, on extirpe Churchill de la voiture…
– *Le vieux lion s'en va…*
On le fait escalader la passerelle, il se retourne et fait « V »…
– *La télévision était là… des fois qu'il tombe !*

JEAN D'ARCY ET BELLEMARE

– Bellemare, téléphone régie !

À la fin de chaque émission de « Télé Match », dont la seconde partie était « La Tête et les Jambes », la voix du chef d'émission retentissait dans le studio. Pierre montait alors en régie où il avait en ligne le Patron, Jean d'Arcy.

Grand pionnier de la télévision dès 1952, c'est lui qui inventa l'Eurovision après avoir placé sur les antennes de la RTF « Lecture pour tous », « Discorama », « La caméra explore le temps », « L'Homme du XXe siècle », « Télé Match », etc.

D'une grande courtoisie et doué d'un sens peu commun de la communication, il avait toujours un œil sur « sa télé » et, dans son bureau, ou même dans les dîners chez des amis, il avait toujours dans son axe visuel, son éteint, un poste de télévision… Un vrai patron responsable, quoi !

Chaque soir de « Télé Match », Pierre Bellemare nous transmettait donc l'avis de Jean d'Arcy.

– Il a trouvé telle séquence un peu longue… La fin était un peu bousculée, faute de temps.

Quand nous voulions apporter une amélioration dans le déroulement d'un jeu, Bellemare prenait rendez-vous avec M. d'Arcy et, avec la verve et la persuasion qu'on lui connaît, allait convaincre le patron…

D'où une réplique de Jean d'Arcy rapportée par Tchernia :

– Lorsque Bellemare vient me proposer un nouveau jeu, je l'accepte tout de suite, parce qu'après… il me fait peur !

LE DUC DE WINDSOR...
SORT AU-DESSUS DE SES MOYENS

Comme c'était le nouveau restaurant à la mode de la rue de Ponthieu et que nous étions les nouvelles vedettes de la télé, Bellemare et moi, nous y fûmes un soir... Le patron, très british, nous accueillit de façon fort serviable.

– *C'est un honneur pour nous, cher Monsieur Bellemare...*

Et moi ?

– ... *Vous aussi, Monsieur Rouland.*

Ah bon !

Bien installés dans un box, avec nos dames d'alors, mon œil escaladait la colline des spécialités sur une carte gigantesque lorsque la femme de Pierre, devant moi, laisse glisser le long de son menu cette phrase conjoncturelle :

– *Derrière toi Jean-Paul, au fond, la duchesse de Windsor !*

L'œil de Pierre surplombe sa carte pour confirmer sur le même ton la justesse d'identification.

– *Oui... Et devant elle, de dos, le duc !*

N'ayant aucune velléité aristocratique, mon ego républicain se réjouit de cette promiscuité égalitaire.

– *J'espère qu'ils viendront nous saluer en sortant !*

Ayant épuisé les considérations historiques[11] qui rendaient possible cette rencontre avec le couple princier dans un simple restaurant branché, notre attention se reporta le plus naturellement du monde sur le contenu des assiettes et la qualité du service. Nous en arrivions au choix du dessert lorsque, par le même moyen de communication, la femme de Pierre nous glisse le long du menu :

– *La duchesse se lève, ils s'en vont.*

C'est le moment que j'attendais… Bien élevé dans les traditions de la bonne société, malgré l'envie de voir les Windsor, je n'avais pas même pris le prétexte d'une serviette qui tombe pour me retourner. Mais là, puisqu'ils allaient passer dans le couloir central au ras de notre box, rien ne pouvait m'empêcher de tourner la tête pour identifier au passage le couple célèbre. La suite allait me prouver que je n'allais pas regretter la vision qui m'était offerte. L'œil de mes vis-à-vis m'assurant la progression de la duchesse, je me mis carrément de profil pour dévisager Wallis au débotté, digne et sereine, sourire scotché, allure chenille processionnaire, image de mode ambulante. Devant l'entrée, le patron, plus british-courbé que jamais, dodelinait déjà du chef pour remercier la princesse et son royal estomac. Lors, la porte extérieure s'ouvrit, un grand gaillard entra, me permettant de voir la Rolls princière arrêtée au ras du trottoir. Sur un petit signe de tête de la duchesse, le garde-du-corps-à-tout-faire s'empressa en direction du duc, je suivis de l'œil son passage et vis l'homme extirper littéralement Windsor de sa place assise, puis le déposer debout dans le couloir, aidé en cela du maître d'hôtel. Discrètement, je retournai la tête et, quelques instants plus tard, le trio passait à nos côtés, duc devant, serré de près par les deux hommes. L'attitude rigide de l'ex-roi m'interpella avec ses deux avant-bras levés, les mains au ciel comme pour un royal salut aux témoins de sa sortie… Bizarre ! C'est alors qu'en suivant des yeux le cortège jusqu'à l'entrée, je compris la raison de cette position des plus surprenantes :

11. Si le duc de Windsor avait défrayé la chronique mondaine en renonçant au trône par amour pour une roturière, les vraies raisons étaient tout autant :
1) Homosexuel confirmé, il lui aurait probablement été impossible d'engendrer une succession dynastique naturelle.
2) Farouche pourfendeur du communisme et, de ce fait, partisan d'une alliance avec Hitler qu'il estimait être le seul vrai rempart contre ce fléau international, après avoir menacé de le traduire devant la cour martiale, Winston Churchill le força à s'exiler aux Bahamas en tant que gouverneur pendant la guerre.
– *Qu'il aille voir là-bas si les indigènes y jouent de la cornemuse !*

LE DUC ÉTAIT PORTÉ DEBOUT.

Les coudes collés sur les côtés, le garde du corps derrière, d'un côté, et le maître d'hôtel de l'autre, le soulevaient juste à quelques centimètres du sol… et, pour donner l'illusion qu'il marchait, il balançait alternativement ses jambes sous lui… Je restais bouche bée devant cette mise en scène savamment calculée, puisqu'arrivé auprès de Wallis et reposé sur pieds, le duc échangea quelques mots avec le patron, tandis que la duchesse allait prendre place dans la Rolls. La suite fut si vite expédiée que je ne puis dire si c'est le duc qui monta en voiture ou si c'est le grand garde du corps qui l'enfourna comme un vulgaire scone aux raisins.

Je n'aurais jamais non plus la réponse à la question : pourquoi cette mise en scène théâtrale digne du grand Guignol ?

Windsor avait-il les articulations rouillées ? L'ingestion répétée de boissons euphorisantes perturbait-elle son équilibre au point de ne plus reconnaître la ligne droite ? Était-il déjà mort… de sommeil ?

La seule chose que je sus ce soir-là, en quittant le restaurant de la rue de Ponthieu : le duc de Windsor sortait parfois au-dessus de ses moyens… Mais comme on dit outre-Channel, « honni soit qui mal y pense. »

MOCKY ET LA LOGE DE JEANNE MOREAU

– *Mocky me dit : vous qui connaissez bien Jeanne Moreau, vous devriez lui demander si le rôle de « La Major » lui conviendrait.*

Après avoir dit qu'il ne connaissait Moreau « *pas plus qu'un autre* », Serrault précise :

– *L'ancienne pute convertie à Dieu ? On peut toujours essayer !*

Et Michel Serrault, que j'ai vu à la télé raconter l'histoire, de glousser de ce rire un peu honteux et perfide qu'il savait si bien rendre irrésistible.

Jeanne Moreau, chez Mocky, en ex-fille de joie venue à Lourdes prier Notre Dame, et « miraculer » un faux paralytique incarné par Jean Poiret !... Cette année-là, en 1987, la célèbre comédienne n'a plus rien à prouver de son talent incomparable, mais celle qui fut « Mère-Marie de l'Incarnation » dans *Le Dialogue des carmélites* du père Bruckberger... incarner ce personnage totalement loufoque dans un film déglingué et iconoclaste de Mocky !...

– *Je vais lui demander*, poursuit Michel Serrault dont l'œil illuminé d'étonnement laissait présumer une suite croustillante.

« Je lui donne le scénario et tout... Et je dois dire, à ma grande surprise, elle accepte ! La production, toujours un peu chichouille des films de Mocky, s'entend avec son imprésario et les dates sont prises. »

Il faut rappeler que le film *Le Miraculé* raconte l'histoire totalement débridée, pour ne pas dire farfelue, d'un assureur muet (incarné par Serrault, qui grommelle et émet des cris d'animaux), lequel veut démasquer un faux paralytique (Jean Poiret) qui vient à Lourdes pour, soi-disant, trouver la guérison.

La chute irrésistible voit Poiret devenir réellement paralysé et Serrault retrouver la parole… en anglais !

– *Tiens, il parle anglais maintenant*, conclut sa femme incarnée par Sylvie Joly.

« Le premier jour du tournage, l'équipe est installée dans une vétuste propriété, quasi abandonnée, dégotée par Mocky qui a le secret de ce genre d'endroit pour ses films… Ça crée l'ambiance. La loge commune, avec paravent pour les dames, est encombrée d'accessoires et de tas de trucs indispensables à l'intrigue. On prépare le premier plan, que le metteur en scène, toujours un peu speedé, organise… Lorsque Jeanne arrive devant le perron avec son chauffeur et sa Rolls, elle descend, le chauffeur sort du coffre une housse à vêtements de chez Vuitton ou Cardin, je ne sais plus… Elle monte les marches, très digne, entre dans le hall suivie de son chauffeur. Elle m'adresse un petit signe amical de la main et, de cette voix chaude et presque masculine qui fait son charme, elle dit : « *Où est ma loge ?* » Sa loge ! Au milieu de tout ce fatras de projecteurs, de caches, traveling et caméras, la phrase provoque un silence étonné, presque gênant. C'est alors que la voix de Mocky répond de derrière la caméra, aussi claire et nette que la demande, fort naturelle, de Jeanne :

– *DANS LES CHIOTTES !*

Oh là… Et Serrault de glousser. Je me suis dit "elle va faire demi-tour, elle va repartir avec son chauffeur" qui ouvrait des yeux comme des soucoupes volantes… Eh bien non, elle est restée… Il faut dire que l'assistant s'était précipité sur elle pour l'entraîner dans la loge commune… Il a été très bien… Elle aussi. Ça s'est arrangé par la suite… Elle est toujours très bien, Jeanne… Et beaucoup de talent… Tseu… et de rire. »

Serrault avait raison, Jeanne Moreau a beaucoup de talent. D'ailleurs, comme Michel avait, elle a un excellent millésime, tout comme Line Renaud ou encore Annie Cordy et quelques autres…

Cela fait des années que la FDMV me dit la même chose, je finirai par le croire !

Vous vous demandez pourquoi ?

Ce fut aussi un très bon millésime… pour le bordeaux.

J'AI SUCCOMBÉ AU MASSAGE THAÏLANDAIS À BANGKOK

– *You are french ?*

– *Yes !*

De la poche de sa blouse, la masseuse sort une sorte de carnet plastifié qu'elle ouvre à l'encoche « *French* » et me la colle sous le regard. J'y lis « *Supplément 10 $* ».

Refoulant le rire qui me monte à la gorge, j'opine du chef, si j'ose dire.

– *OK ?*

– *Yes.*

C'est alors que va s'accomplir prosaïquement le plus vieux rite animal que d'aucuns appellent « ponction buccale » ou même « précieuse », une fellation. Acte qui porte plus communément le nom d'un petit tuyau terminé par un fourreau que les fumeurs bourrent de tabac… Bref, le massage thaïlandais reprenait tout à coup, et presqu'à mon insu, une fonction polissonne.

Comment en étais-je arrivé là, alors que j'étais venu en Thaïlande avec la FDMV et un couple d'amis pour une visite touristique des plus classiques, trois jours à Bangkok pour la culture de la tête, 8 jours à Phuket pour le repos des jambes ? Tout avait débuté dans le car, au retour d'une visite de pagodes, suivie d'un déjeuner typique dans les environs de la capitale thaï. Sous le charme et les compétences de notre délicate guide locale, amoureuse de la France et de ses merveilles architecturales, citant le « Christ en majesté du tympan de Vézelay » ou évoquant la « rue de la Colombe dans l'ombre de Notre-Dame de Paris » avec autant de compétence et de simplicité qu'un pékin de chez Renault vous engloutit un sandwich jambon-beurre. Entre deux commentaires, perdant toute réserve, je ne pus me retenir de lancer :

– *Et les « massages thaïlandais » ?*

Au silence qui suivit ma question, je ressentis l'onde de choc que je venais de provoquer dans les rangs de la dizaine de couples français présents dans le car. C'était, précisons-le, dans les années 1980 où la bienséance, alors de rigueur, faisait qu'on ne parlait des « massages thaïlandais » qu'à voix basse, entre hommes, comme s'il s'agissait d'une polissonnerie initiatique de carabins en bizutage.

À ma grande surprise, notre guide planta sévèrement sur moi ses yeux d'amande verte tandis qu'une rangée de perles s'encadrait entre ses lèvres :

– *Mais Monsieur Rouland, il ne faut pas mélanger « massages » et « maisons de prostitution ». Les Français, toujours polissons, ont tendance à confondre les deux… Il existe chez nous des maisons pour chaque chose, mais ça n'a rien à voir. Je connais personnellement de très bons établissements de massages qui ont le pouvoir de vous relaxer en toute sérénité sans aucune équivoque.*

Un coup d'œil à mes compatriotes me persuada aussitôt de la pertinence de ma question. « *J'ai bien fait d'en parler, NA !* »

– *D'ailleurs*, enchaînait la guide, *si quelques-uns d'entre vous désirent connaître les bienfaits du massage thaïlandais, nous pourrions les y déposer pendant qu'avec les dames, nous irions au « Center Shopping » acheter quelques souvenirs…*

Comment laisser passer une telle proposition ? Au retour, pouvoir dire aux copains « *les massages thaïlandais, je connais !* ». Après un coup d'œil à la FDMV qui opine du front, je lève la main.

– *Moi, je veux bien.*

Derrière nous, Gilbert, notre ami antiquaire de Marnes-la-Coquette, m'emboîte le bras.

– *Moi aussi.*

Entraîné par l'exemple, et la curiosité aidant, un peu plus loin, un producteur de cinéma documentaire, pourtant un peu coincé, se joint à nous et se tourne vers son fils dans les 18 printemps.

– *Tu m'accompagnes ?* Sur l'acquiescement de l'interpellé... *Alors deux !*

Au silence gêné et négatif des autres mâles, dont certains feignent ne pas avoir entendu, la guide conclut :

– *Donc quatre, d'accord...*

Quelques instants plus tard, ayant embrassé la FDMV, dont le sourire en coin laisse planer un scepticisme très féminin, nous pénétrons dans une sorte d'hôtel où le mot « *massages* », qui clignote au-dessus de la porte dans des couleurs suspectes, pourrait bien lui donner raison.

Deuxième surprise, dans la grande salle où nous entrons, tout baigne dans le sombre, sauf deux points éclairés. Un « welcome-caisse » pour régler son massage et une sorte de podium où sont assises des jeunes femmes en kimono qui fument et discutent entre elles... Elles ont, détail piquant autant que curieux, toutes un gros numéro cousu dans le dos. Je n'ai pas le temps d'analyser quoi que ce soit que mon ami Gilbert, qui manie la langue de Shakespeare en vrai gentleman, est pris en main par le comité d'accueil. Nous voici à la caisse. Question de la préposée, Gilbert tourne vers moi et nos deux acolytes un regard rigolard.

– *Massage complet bien sûr ?*

Devant l'évidence de la réponse, il enchaîne :

– *Vous avez choisi votre masseuse ?*

– *Ah oui ! un numéro...*

Lisant sur le podium un quatre et un cinq sur le dos d'une dame, je me rappelle que c'était mon numéro de pension lorsque j'étais chez les Orphelins d'Auteuil au Vésinet pendant la guerre, clin d'œil du destin !

– *Le 45 !*

Gilbert traduit, la dame de la caisse tapote un numéro d'appel qui doit apparaître quelque part sur le podium. Je me penche pour régler, Gilbert m'indique le montant et retient mon bras tandis qu'il écoute notre vis-à-vis.

– *Ah ! Tu veux boire quelque chose ?*

– *Heu...*

Avant que j'aie eu le temps de répondre, un bras gracile passe devant mon visage en direction d'une bouteille de coca que lui tend un cerbère posté non loin de la caissière. Je suis la courbe du bras et découvre le sourire béat de « ma 45 ».

– *Please ? For me ?*

Comme je ne peux qu'acquiescer devant tant de candeur, sa seconde main se pointe vers un paquet de cigarettes que le cerbère lui propose.

– *Cigarette ? Thank you...*

Je n'ai même pas le temps de répondre que le coca et les cigarettes s'ajoutent sur la note que tape la caissière. Plus rigolard que jamais, Gilbert prend mon billet, me rend la monnaie et me fait signe d'emboîter le pas à « ma 45 » qui ondule vers l'escalier.

– *Bon massage.*

La suite fut d'une logique toute cartésienne : baigné, savonné, douché, séché, massé d'abord dans le dos, puis sur la poitrine et l'estomac... Si mes muscles se « détendirent » le plus normalement du monde sous les mains expertes de ma jolie masseuse, la réaction de mon organe masculin fit l'inverse, il se crispa de telle sorte que le « supplément » devenait souhaitable malgré le rire qui m'envahissait devant une telle évidence : le massage thaïlandais n'avait rien à voir avec les maisons de prostitution... Un massage complet ne reste qu'un massage. Point final.

Détendu de partout, je remettais à plus tard l'analyse logique de ce qui venait de m'arriver et, tandis que ma charmante partenaire s'absentait un instant dans la salle de bains, un gros signal rouge, au-dessus de la porte, se mettait à osciller... L'avait-elle mis elle-même en mouvement indiquant qu'elle allait être libre ? Ou était-ce un rappel automatique ?

– *Il est temps de rhabiller votre client.*

Je n'aurai jamais la solution de ce problème car, aidé par ma masseuse devenue cameriste experte après avoir donné mes dix dollars, je me retrouvai très vite au bas des escaliers dans la pénombre complice de la salle d'attente où, dans un fauteuil, Gilbert me regardait venir, un sourire de sphinx sous sa moustache grise.

– *Eh bien voilà !*, dis-je en m'asseyant près de lui.

Je l'entendis me dire :

– *On ne m'a jamais aussi bien lavé depuis « Nounou » !*

Avait-il évité le « supplément » ? Il suffisait peut-être, même sans doute, de ne pas avoir de réaction physique, de « rester de marbre » pour que le petit carnet avec « supplément » reste dans la poche du kimono de la masseuse ? Et comme Gilbert avait une génération de plus que moi !...

Je n'aurai jamais non plus de réponse à cette question car descendait le producteur de courts-métrages, l'œil fixe et le sourcil froncé. Arrivé près de nous, à mon grand étonnement, je l'entendis proférer entre ses dents :

– C'est un scandale ! Un véritable scandale ! Quand on pense qu'on vous dit que ça n'a rien à voir avec un bordel, c'est une ignominie. Dix dollars ! Elle m'a demandé 10 dollars de supplément... Ah ! Ces Orientaux, ils ont de drôles de mœurs...

Et, devant mon œil dubitatif, d'enchaîner :

– Je ne sais pas comment elles étaient, les vôtres... Moi, c'était n'importe quoi. Heureusement, mon fils n'a pas d'argent sur lui. Au moins, là, je suis sûr qu'il n'aura pas cédé à la tentation...

Justement, il descendait l'escalier, le fils, grand échalas déjà voûté comme son père, l'œil sombre lui aussi, impénétrable.

Notre petit groupe ayant convenu de prendre séparément un taxi pour rejoindre l'hôtel, nous nous levâmes avec un ensemble parfait et, tandis que je tournais le dos au nouvel arrivant, je l'entendis dire à son père dans un souffle :

– Papa, j'ai des dettes...

Je n'eus que le temps d'arriver sur le trottoir pour exploser de rire, laissant « l'endetté » s'expliquer avec son géniteur. Dans le taxi, nous en riions encore.

À l'hôtel, la FDMV levait vers moi son doux visage, l'œil interrogateur.

– Alors ?

Alors, extirpant du fond de mon être de chair tous les tabous de notre civilisation occidentale accumulés dans les replis de notre « enfer sexuel », je lui dis avec mon plus beau sourire :

– Ça a l'air tellement d'être fait pour vous relaxer... que ça l'est !

Ce n'est pas le Christ en Majesté de Vézelay qui me dira le contraire...

… IL DÉCHIRE SON PANTALON ET MEURT…

« *Un ouvrier marche lentement, posément, il déchire son pantalon et meurt… Pourquoi ?* »

En 1968, alors que je viens de réaliser que toutes mes activités pouvaient s'arrêter brusquement en plein mois de mai, persister au mois de juin, rester à zéro pour raison de vacances en juillet, sans pour autant que les dépenses s'arrêtent ou diminuent…

Tandis qu'une épuration sauvage décime les rangs télévisuels des « courageux » pour les uns, « lâches » pour les autres, selon qu'ils avaient vilipendé ou encouragé les « enragés » dépaveurs de rues, Armand Jammot, par je ne sais quel miracle, est chargé d'organiser les programmes de l'été et m'appelle.

– Dis-moi, Jean-Paul, t'as un stock d'énigmes que tu as passées dans l'émission que tu faisais avec Pierrot sur Luxembourg ?

– Tu parles, j'en ai tout un stock !

Chaque semaine, pendant un an, nous avions, avec Bellemare, diffusé un programme sous le titre « Suspens' » sur une idée de Jacques Antoine.

– Alors, une petite ville dans le Midi, tous les jours, après présentation des lieux, Monsieur le Maire, le Curé et un instituteur cherchent une énigme… Ça te va ?

Si ça m'allait !

Du 14 juillet à fin août, ayant récupéré l'équipe technique du Tour de France, j'animais l'émission « La clé de l'énigme ».

– *On pourrait peut-être demander si l'ouvrier qui déchire son pantalon se sert d'une machine ?*, proposait le maire.

– *Pour élargir encore un peu, on pourrait demander s'il travaille dans une usine ?*, surenchérissait l'instit.

– *Vous êtes d'accord, Monsieur le Curé ?*

Et c'était parti pour six minutes de questions auxquelles je répondais oui ou non.

Belle époque où devant une population heureuse de participer au miracle télévisuel, on pouvait « vous voir chez nous »...

– *Bonjour ! Bonjour !*

Les édiles, les enseignants et les curés avaient à cœur de briller.

– *L'ouvrier marche-t-il posément à cause de son métier ?*

– *Oui, c'est bon ça !*

– *Attendez ! Il transporte peut-être quelque chose qui se casse et qui, en tombant, va déchirer son pantalon...*

– *Oui ! Alors, transporte-t-il quelque chose ?*

Un moment de suspense et je disais :

– *Non !*

Pour faire bref, l'ouvrier qui marche posément, qui déchire son pantalon et meurt...

– *C'est un scaphandrier !*

Tout individu normalement doté de « petites cellules grises » chères à Hercule Poirot ne peut rester insensible à une « colle » dont l'origine remonte au Sphinx quêtant sa pitance devant Thèbes : « *Quel est l'animal qui marche sur quatre pattes le matin, deux le midi et trois le soir ?* »

Tout voyageur ne répondant pas « *L'Homme* » était impitoyablement cuit et dévoré cru.

Pour les émules de Poirot, appâtés par le « ? », qui, en fait, n'est qu'un hameçon à l'envers « ¿ », voici quelques énigmes maison (concoctées jadis avec mon ami et frère Claude Olivier :

A. – *Le président du tribunal dit à l'accusé : « la Cour vous condamne à la peine capitale ». Et il ajoute : « Maintenant, allez, vous êtes libre ! »*

POURQUOI ?

B. – *Au siècle dernier, Mademoiselle X traverse seule la place, son ombrelle à la main. Soudain, il pleut… Mademoiselle X ne tentera pas de se servir de son ombrelle pour se protéger quelque peu.*

POURQUOI ?

C. – *En plein travail, Monsieur X fait à Monsieur Z une remontrance justifiée. Bien que Monsieur X soit un homme bien élevé et respectueux, il lui tourne aussitôt le dos !*

POURQUOI ?

D. – *Madame X se précipite chez son voisin Monsieur Z : « Vite, mon mari se meurt, il faut le conduire à l'hôpital ! » Monsieur Z qui, pourtant, est en excellente santé et possède une voiture en parfait état de marche, refuse.*

POURQUOI ?

En 1970, nous avons repris la formule sur Europe 1 avec le même succès et si, demain, vous entendiez sur une antenne l'animateur dire :

E. – *Un gardien de la paix entend un coup de feu, il se précipite bâton à la main, à la suite de quoi il changera de chaussures.*

POURQUOI ?…

… nul doute que vos petites cellules grises, lasses de faire le Poirot, se presseraient de fonctionner, à moins que…

Au cas improbable où vous n'auriez pas tout trouvé, les solutions uniques sont lisibles page 287.

CLAUDE DARGET ET LES ACCORDS D'ÉVIAN

À la fin de la guerre d'Algérie, les tergiversations et les palabres préliminaires qui aboutirent au retrait total des troupes françaises n'en finissaient plus.

Pour la énième fois, ce soir-là, au journal de 20 heures, présenté par Darget, un sujet commenté par un journaliste « nuancé » montrait au loin les représentants du FLN descendant de l'avion atterrissant à Évian. Fin du sujet – toujours délicat ô combien –, on revient sur Darget qui dit :

– *Passons aux choses sérieuses… le sport…*

Le lendemain, personne ne s'est étonné d'apprendre que le présentateur du journal était suspendu… sauf lui.

– *Qu'est-ce que j'ai dit ?*

L'ARRIVÉE DE JOE DASSIN EN MAJESTÉ

– *À quelle heure il vient «Jo»?*

– *15h, il est moins 5, il ne va pas tarder.*

Nous sommes au studio 15 des Buttes-Chaumont où, ce soir, l'invité vedette de notre émission «Entrez sans frapper» est Joe Dassin.

Bellemare guette Joe, Jacques, mon frère, guette Joe, je guette Joe, tout le studio guette Joe pour l'accueillir comme le mérite la grande vedette qu'il est à ce moment-là.

– *Et il est toujours à l'heure!*

Cette dernière réflexion sur son exactitude me fait me tourner vers Jean, le chauffeur de la société qui se tient à quelques mètres derrière moi. Comme s'il éprouvait le besoin de confirmer son jugement, il opine du chef.

– *Toujours!*

Jean est un Lyonnais au visage triste et impassible comme Fofo le chien policier des dessins de Tex Avery. C'est le Buster Keaton du volant. Homme aussi charmant que discret, doté d'un vocabulaire obsolète.

– *Il eût fallu que je le susse, j'y fus allé moi-même!* (sic) Le tout avec l'accent des gones.

Dans l'office des Bellemare, Jean avait fait la cour à Germaine, la bonne (*pardon, l'employée de maison*) et ils s'étaient mariés. Depuis quelques années,

Germaine avait quitté les Bellemare pour on ne sait quelle destination. Comme je vais demander à Jean quelques explications, qu'il me donnera s'il en a envie, j'entends Bellemare dire :

– *Le voilà !*

De fait, suivi de son secrétaire qui porte une housse de costume à bout de bras, Joe Dassin fait son entrée dans le studio.

Toutes les conversations se figent et un sourire d'accueil fleurit sur les lèvres des trois animateurs que nous sommes, Pierre, Jacques et moi. Tels les cowboys de western, nos trois mains droites retombent mollement le long de la cuisse prête à capter celle du chanteur.

Un sourire d'émail est venu, lui aussi, illuminer la face de « Jojo bel œil » qui s'avance vers nous, main tendue. Précisément, son célèbre strabisme divergent m'empêche de voir lequel de nous trois est visé en premier. Bellemare ? Normal, c'est le chef... De fait, voici Joe à hauteur de Pierre qui « dégaine » sa main... Ah non ! Ce ne sera pas lui le premier visé... Ce sera Jacques, un peu en retrait, qui arbore son plus beau sourire... Pas du tout. Le dépassant et poursuivant sa lancée, Joe se dirige vers moi, dextre en avant, sourire plus épanoui que jamais... J'en rosis d'émotion, tends ma main, la sienne m'arrive droit dessus, c'est trop d'honneur... Serais-je à ses yeux le plus sympathique des trois ?... Je déglutis d'aise, ouvre grand ma main, lorsque celle de Joe passe à côté sans la saisir... C'est un gag ou quoi ?

En une fraction de seconde, je nous vois tous les trois, Bellemare, Jacques et moi, main tendue, l'œil agrandi par la surprise et la stupeur. Joe est passé près de nous sans s'arrêter... Je tourne la tête et n'en crois pas mes yeux... Joe congratule Jean le chauffeur. Cette avancée, main en avant, n'était destinée ni à Bellemare, ni à Jacques, ni à moi, mais au chauffeur de la société.

Tandis que les questions se télescopent dans ma tête, j'entends Joe s'inquiéter de la santé de Jean.

– *Comment allez-vous, Monsieur B... ?*

Un coup d'œil vers Bellemare et Jacques me confirme qu'ils sont aussi « cueillis » que moi.

Mais déjà, Joe est à mes côtés qui me secoue la paluche.

– *Comment allez-vous, Monsieur Rouland ?*

Et il remonte vers Jacques et Pierre avec lesquels il commente le détail de la prestation que nous avions prévue pour lui.

Restant volontairement à l'écart, je viens près de Jean qui, pour une fois, arbore un sourire en coin.

– *Vous connaissez Joe Dassin ?*

– *Bien sûr.*

Un temps, juste de quoi ménager le suspense.

– *Alors ?*

– *Ma femme travaille chez lui comme employée de maison depuis 6 mois.*

C'était donc ça. L'homme qui venait le soir chercher Germaine à la fin de son travail, c'était Jean. Celui à qui on demandait de patienter avant que telle ou telle besogne soit finie, c'était Jean. Le commissionnaire auprès de qui on sollicitait tel ou tel service, c'était ce « cher Monsieur B… » si aimable.

En cette époque où les employées de maison étaient aussi rares que précieuses, surtout celles dont le mari était aussi serviable que patient, il fallait savoir les ménager.

Les trois vedettes de l'émission que nous étions venaient d'en faire la preuve.

Jamais je n'ai oublié ces trois mains tendues, grillées au profit de celle de ce cher Monsieur B…

Il en a été fait, d'ailleurs, un excellent sketch pour « La Caméra invisible » à l'entrée de l'Olympia.

J'AI CONNU UN SUCCÈS MONDIAL À VERSAILLES SUR LE GRAND CANAL

Un succès qui n'a rien à voir avec le showbiz, mais quand je dis mondial… je pèse mes mots. Je n'avais jamais vu auparavant autant de flashes saluer si glorieusement ma prestation… Voilà l'affaire :

Ce jour-là, deux de nos petites-filles, Agatha et Johanna, sont en vacances chez nous et je leur propose de les emmener faire une promenade dans le parc de Versailles.

– *Le temps n'est pas très beau, mais si ça se maintient comme ça, on pourrait canoter sur le grand canal.*

L'avantage de notre bonne ville du Chesnay, c'est d'être contiguë à la Cité Royale et, quelques minutes plus tard, nous débarquons de la voiture pour embarquer sur un canot.

– *Si jamais il pleut, j'ai emporté mon parapluie d'escouade, à trois dessous on sera protégés. Allons-y…*

Ayant à peine pris le milieu du canal, je réalise que j'ai le vent debout, c'est-à-dire contre moi. En effet, la fameuse galerie des glaces, si chère au Roi Soleil, se trouve face au ponant, plein ouest et, dans son axe, le grand canal a été conçu pour refléter les rougeoiements de l'astre du jour, se couchant, à condition qu'il ne soit pas d'humeur nuageuse.

Rassemblant tous mes souvenirs maritimes, lorsque je naviguais du côté de Saint-Vaast, je m'efforce de prouver mes belles qualités « nautonières ».

– Voyez-vous, c'est le poids du corps, basculant en arrière, bras tendus sur les rames, qui doit faire avancer le canot… Le vieux marin de la Royale qui m'a appris à ramer, on dit aussi « nager », me disait : « Si tu fatigues, c'est qu'tu rames mal. » Les bras ne doivent que lever les rames et les ramener en position extrême.

Las, j'ai beau faire le fiérot, on n'avance pas vite. Le vent d'ouest souffle en rafales et les risées m'obligent à forcer plus qu'il ne devrait sur les bras.

Assises à l'arrière, les deux petites-filles ne sont pas plus rassurées que ça et je me demande si j'ai bien fait d'entreprendre cette « croisière » avec un tel vent. Mais la fierté du marin qui ne « *fatigue que s'il rame mal* » me fait progresser double entre deux risées, encouragé par les voix de mes passagères qui se sont piquées au jeu.

– Vas-y, Bon Papa, ça en fait trois que tu doubles… Ouais ! Quatre !

Adoptant un rythme équilibré, je progresse à présent irrésistiblement, pétri de cette maîtrise qui fit la réputation de mes ancêtres venus du Nord, les « Nord-Man » ou Normands… et de pousser, à la grande surprise des navigateurs environnants, le cri de guerre des Vikings :

– THOR… AÏ !

Il serait prétentieux de prétendre avoir remonté toute la longueur du grand canal qui fait 1650 mètres de long, mais nous avions dépassé le petit canal lorsque mon souffle, mes bras et mon dos me rappelèrent que j'avais multiplié par deux les trente-trois ans qui me voyaient pratiquer le même exercice dans les eaux vertes des îles Saint-Marcouf.

– Bon, allez, on va faire demi-tour, ça sera plus facile, vent en poupe !

En deux coups de « pelle » croisés, je fais un savant demi-tour et la risée que je reçois par le travers m'évoque « l'empannage » lorsque je changeais de cap sur mon « barfieutais ».

– On rentre à la voile !

Et là, l'idée vient, superbe, euphorique.

– Vous allez vous mettre sur le banc avant les filles… Allez-y doucement…

L'opération effectuée, j'ôte les rames de leur tolet, j'en range une sur le plat bord tandis que je plante la seconde bien assujettie sous mon aisselle gauche dans le demi-rond aménagé sur l'étambot, pour servir de gouvernail… Alors, prenant le parapluie d'escouade, je le brandis comme un mât de beaupré et il s'ouvre automatiquement ainsi qu'un spinnaker lancé dans le vent. La barque fait un bond en avant.

– Ouais ! Cap à l'Est, en avant toute !

Qu'auriez-vous fait si vous vous étiez trouvé, comme ces centaines de touristes, en plein mois d'août, à vous promener le long du canal, l'appareil photo en bandoulière ?

Un grand-père moustachu et ses deux petites-filles, à l'avant, rentrant « toutes voiles dehors » sur le grand canal du château de Versailles… Hein ?

– THOR… AÏ !

Quand je vous disais que je n'avais jamais eu autant de succès… Et encore, nous n'avons pu voir que les flashes.

Le seul problème, c'est que je ne possède aucune de ces photos, preuves de notre exploit. À moins qu'à la suite de cette lecture… Espoir aussi mince que celui de voir ce livre… traduit en japonais.

PIERRE-JEAN VAILLARD, L'ESPRIT DE DÉDICACE

– *Quel est votre prénom Mademoiselle ?*

– *Lise !*

Et l'artiste, auquel la charmante personne tend son cahier d'autographes, écrit finement «*Ah ! Lise, il faut que je te bise !*».

Puis, comme le veut la tradition confraternelle, il passe ledit cahier à son voisin qui n'est autre que Pierre-Jean Vaillard, chansonnier vedette (entre autres des Deux Ânes pendant 30 ans) qui écrit : « *Que ne vous appeliez-vous Thérèse* ». Et il signe.

Combien de séances de signatures, en vogue depuis toujours, furent l'occasion de rigolades ? J'ai le souvenir qu'en 1958, à la célèbre Kermesse aux Étoiles des Tuileries, nous signions, Bellemare et moi, dans un stand juste avant celui de Roger Pierre et Jean-Marc Thibault, et c'est parce qu'une charmante jeune fille m'avait tendu son cahier en disant « *vous aussi Monsieur Jean-Marc Thibault* » que l'idée nous est venue de signer du nom de nos voisins, lesquels s'apercevant de la substitution ont terminé la séance en signant de nos deux patronymes… sans que personne, bien sûr, ne s'en aperçoive.

Pour revenir à Pierre-Jean Vaillard, un jour qu'il présentait un gala, il entre en scène pour annoncer un chanteur qui s'accompagnait à la guitare et s'appelait Pierre Malar. Il dit :

– *Le voilà avec sa guitare parce qu'un Malar n'arrive jamais seul!*

Il a fallu pousser en scène ledit Malar qui refusait d'y entrer… on se demande bien pourquoi.

C'était l'époque où, dans les hôtels classiques, les toilettes et la salle de bains communes étaient sur le palier, ce qui faisait dire à Pierre Jean Vaillard à la fin d'un de ses sketchs :

– *Que ceux qui n'ont jamais pissé dans leur lavabo d'hôtel me jettent la première pierre…*

Il disait aussi, fort judicieusement :

– *La pudeur n'est le plus souvent qu'une question d'éclairage.*

MICHEL SIMON REFUSE D'ÉTRANGLER GALABRU

– *Moteur… action !*

Michel Simon s'avance mains tendues en avant, il saisit le cou de Michel Galabru qui roule des yeux effarés.

– *Non… au sec…*

Alors que Galabru, comme c'est prévu dans le scénario, doit s'écrouler suffoqué par l'étreinte de son agresseur, Michel Simon cesse net son jeu et se retourne vers la caméra en silence.

– *Coupez !*

Délaissant sa caméra, Mocky s'approche des acteurs.

– *Bien… Ça me va très bien… mais Michel, il me faut un peu plus de temps pour venir sur vos mains avec le visage suffoquant de Galabru. Je serre sur vos mains en gros plan… Vous voyez ?*

1975. Jean-Pierre Mocky tourne *L'Ibis rouge*, une sombre histoire d'étrangleur maniaque incarné par Michel Serrault, avec Michel Simon qui joue le rôle ambigu d'un marchand de journaux ayant des « mots » avec Galabru.

Donc, on reprend la scène.

– *Moteur… action !*

Même jeu et, au même moment, Michel Simon cesse net de jouer.

– *Coupez…*

Mocky s'avance de nouveau vers l'acteur qui explique son incapacité :

– *Je ne peux pas… Voyez-vous, c'est plus fort que moi. Je ne peux pas étrangler ce gentil garçon qui ne m'a rien fait et auquel je ne veux aucun mal… Je ne peux pas.*

Riant de l'explication spécieuse, Mocky se fait persuasif, mais Simon persiste.

– *Non, je ne peux pas et je ne veux pas qu'on puisse penser que j'ai fait du mal à Monsieur Galabru… C'est tout.*

– *Mais j'ai besoin du plan*, insiste Mocky.

– *Non, vous prendrez d'autres mains en gros plan… pas les miennes… Je n'y peux rien, je ne peux pas…*

Et c'est ce qui fut fait. Caprice d'acteur ? Plaisanterie ? Aberration ? Allez savoir, Michel Simon avait alors 80 ans, ce sera son dernier film. Il est mort d'une crise cardiaque quelques mois plus tard à l'hôpital de Bry-sur-Marne et sera enterré à Genève près de ses parents.

Sa ville de Noisy a donné son nom à un centre culturel très actif, sa collection pornographique a été vendue par son fils… Il y eut beaucoup d'amateurs !

MON ÉTOILE JAUNE PENDANT LA GUERRE

Automne 1942, à 15 ans, je suis un élève studieux du Centre du spectacle subventionné par Pétain, avec deux ou trois « chefs » (dont Pierre Sabbagh !) en costume bleu Vichy à francisque tricolore. La photo du « vieux » en képi, qui a fait à la France le don de sa personne, trône en majesté sur le mur de l'ex-salle à manger de l'ex-hôtel particulier des Bouchara, rue Eugène-Flachat, réquisitionné… Étant donné l'origine de l'institution, si le mot « collaboration » est à l'ordre du jour, j'échange des propos « gaullistes » à voix séditieuse avec quelques rares copains sûrs (Jean Laugier, Jacques Ory, Liliane Maigné).

J'ai toujours dans ma poche une craie volée dans la salle de dessin animé où Rémo Forlani partage nos idées. Cette craie me donne l'occasion de tracer subrepticement des V avec croix de Lorraine sur les murs de mon quartier d'Auteuil où papa tient une teinturerie rue Molitor.

Le mot JUIF n'est pour moi qu'un synonyme anecdotique de radinerie proverbiale, au même titre que les Écossais, mais aussi les Normands dont on m'a dit issu.

– *Quand un garçon naît en Normandie, on le lance au plafond… S'il y reste accroché… c'est un bon Normand !*

On parle bien de certains juifs expédiés en Allemagne dans des « *camps* », mais cette mise à part correspond dans mon esprit aux « *camps de prisonniers* » dont les Actualités cinématographiques nous montrent « *le bon esprit de résignation* » grâce à la Croix-Rouge et la distribution des colis du Secours national de Pétain.

Un matin, en allant prendre mon métro à Michel-Ange Molitor, je tombe sur « Momo » Alphen, un copain qui habite boulevard Murat.

– *Alors Momo, qu'est-ce que tu deviens ?*

Il me dit prendre des cours de piano et, comme il tient contre lui une serviette en cuir, je perçois une lueur jaune qui filtre au-dessous, ce qui m'intrigue.

– *Qu'est-ce que tu as là ?*

Je baisse sa serviette et je vois avec stupéfaction une étoile jaune avec le mot « juif » en gothique...

– *Qu'est-ce que c'est que ça ?*

– *Parce que je suis juif et que les Allemands nous obligent à mettre ça !*

– *Mais pourquoi ?*

En jetant des regards soupçonneux autour de lui, il me raconte que son père qui était prof n'a plus le droit d'enseigner et qu'ils ne peuvent monter que dans le dernier wagon du métro.

– *Mais qu'est-ce que vous leur avez fait aux frisous ?*

– *Rien... Ils ne nous aiment pas, c'est tout.*

Évidemment, j'avais entendu des propos antisémites : « *Ils sont partout où il y a du fric à pomper ! Si t'es pas juif, c'est pas la peine de faire du cinéma...* » Mais là, d'un seul coup, cette étiquette jaune sur le cœur me fait mal à la Déclaration des droits de l'homme et du citoyen... À défaut de Fraternité, que devenaient la Liberté et l'Égalité dans ce coup-là ?

– *Mais j'en veux une aussi, t'en as pas une à me refiler ?*

Momo affiche un pâle sourire.

– *On va s'en aller, si on peut, à Cannes chez mon oncle !*

C'est alors que, sans crier gare, mon copain se carapate.

– *Excuse-moi, je suis en retard !*

Je restai là, abasourdi, un flot de questions tourbillonnant dans ma tête d'adolescent. Une patrouille allemande passant à ma hauteur justifia le départ précipité de Maurice.

– *Les Allemands ne nous aiment pas...*

Je n'ai jamais revu mon copain Momo, mais depuis ce jour-là, je suis toujours monté dans le wagon de queue du métro, souriant et fier de montrer ma solidarité envers ces pauvres gens, obligés de se démarquer des autres, parce qu'ils étaient nés d'une maman juive et non pas normande comme moi.

(Cette prise de position que j'avais tenue secrète, estimant que seul le silence confère à ce genre d'action son véritable sens, ayant été révélée par mon frère Jacques dans un de ses livres, m'a délié de mon serment.)

Ce que j'ignorais alors, en 1942, c'est qu'un grand nombre de Français non juifs arborèrent à cette époque une étoile jaune sur laquelle ils avaient écrit : « *Breton, Normand, French*, etc. » Arrêtés par la Gestapo ou la police de Vichy, ces « goys » furent emprisonnés et certains même déportés avec une bande blanche cousue sur leur revers : « *Amis des juifs* ».

Il faut savoir que, jusqu'à la Libération de Paris et la diffusion d'un film sur les camps de la mort, commenté par Pierre Blanchar, nul ne pouvait imaginer l'horreur que découvrirent les libérateurs dans les « camps ». L'abomination de cette « solution finale » imaginée par des hommes n'a jamais trouvé dans ma tête de véritable raison fondamentale. Pourquoi tant de haine envers les juifs d'Hitler et de ses sbires ? J'ai vu un jour, dans je ne sais quel bouquin, la photo d'une tombe avec l'étoile de David dans un cimetière juif et un nom écrit : HITLER ! Serait-ce pour cacher cette appartenance que... ? Comment peut-on arriver à estimer que les juifs, les tziganes, les Russes, les Noirs, les homos font partie d'une race inférieure qu'il faut exterminer ? Tous ces points d'interrogation finissent par une « mise en abîme » comme sur la boîte de cirage du « lion noir » de mon enfance ou sur les boucles d'oreilles de « la vache qui rit »...

Il faut bien admettre que sans ce génocide aussi monstrueux qu'inexplicable, Hitler aurait pu connaître un destin à la Napoléon, voulant instaurer une Europe nouvelle dans un monde en pleine mutation.

J'ai gardé le souvenir, en septembre 1938, d'un petit livre à couverture rouge que m'avait offert Madame la Comtesse de Lesdain, allemande d'origine et proche amie de l'amiral Roeder. Ce petit livre, édité en français par les services de Goebbels, et abondamment illustré, montrait l'embrigadement « volontaire » des petits Allemands de mon âge, avec leurs petites bottes bien cirées, leurs uniformes bien coupés, tendant le bras dans un salut nazi impeccable. Ces ados me semblaient si heureux de vivre, si fiers de leur sort, si enviables, que j'avais demandé à Madame de Lesdain (laquelle venait, en tant que membre du Secours catholique, garder la boutique de mon père veuf afin qu'il puisse faire ses courses) :

– *Mais pourquoi on n'a pas ça chez nous en France ?*

Sa réponse reste gravée au fond de ma mémoire.

– *Patience mon p'tit garçon, ça va bientôt arriver !*

En automne 1942, tandis que mon copain Momo Alphen se sauve à l'approche d'une patrouille allemande, ce petit livre rouge me ronge le souvenir, et l'à-propos de Madame de Lesdain me plonge dans une réalité toute différente. La radio de Londres que j'écoute l'oreille collée au poste m'apporte l'ESPOIR d'une victoire de la France libre, tandis que mon père reste dans une affligeante et coupable réserve.

– *De toute façon, on est gagnants. Si c'est les Allemands, on a Pétain, et si c'est les Anglais, on a de Gaulle... On n'a pas le choix !*

Quelle décrépitude ! Heureusement, des signes d'intelligence contre l'ennemi qui circulent de bouche à oreille nous réconfortent, mes copains et moi.

Dans un cabaret parisien, Oléo, chansonnière montmartroise, s'adresse à un officier allemand que son ordonnance est venue chercher d'urgence au milieu du spectacle et qu'il aide à enfiler son manteau.

– *Eh oui ! La traversée de la manche n'est pas si facile que ça...*

Une autre fois, à un spectateur qui arrive en retard :

– *C'est comme à Stalingrad, l'accès est difficile à trouver.*

Noël Noël termine un sketch par « *vaches de Boches* ». Convoqué par la Kommandantur, il réussit à les persuader que cette réplique n'avait rien d'injurieux et que « *le fait de le laisser la dire prouverait leur largesse d'esprit* ». Évidemment, comme à chaque séance, il s'ensuit des rires et des applaudissements frénétiques, les autorités allemandes reviennent sur leur décision et le numéro est interdit.

À la Lune Rousse, le chansonnier corse Martini entre en scène, claque les talons et étend le bras droit à l'horizontale dans le plus parfait style nazi... Silence, puis gloussements et, comme la position du chansonnier se prolonge, rires... Alors, Martini de dire :

– *On est dans la m... jusque-là !*

Explosion de rire et applaudissements prolongés. Avec la même entrée en scène, il apportait une variante :

– *Tiens, il ne pleut plus...*

On se susurre en douce les chansons que Pierre Dac « balance » depuis Londres sur des airs connus.

– *Quand ça fait boum là sur Berlin, on voit courir les fridolins, en ch'mise de nuit dans les abris…*

– *Radio Paris ment, Radio Paris ment, Radio Paris est all'mand !*

– *Voilà les gars de la vermine… chevaliers de la bassesse… Voilà la Waffen SS…*

Si la Libération m'apporta une vision apocalyptique de corps cadavériques poussés dans des fosses béantes par des bulldozers, bien d'autres surprises m'attendaient :

Un oncle qui faisait du « marché noir » par camions entiers avec les Allemands et qui réapparut inopinément, un brassard FFI officiel cousu sur le bras… Certains acteurs que j'admirais envoyés en prison avec l'étiquette « *salauds de collaborateurs* » (S. Guitry, A. Préjean, M. Chevalier, F. Gravey, Arletty…), d'autres brandissant le glaive de l'épuration (P. Blanchar, P. Dux, Marie Bell…). Période glauque et troublante où on ne savait plus très bien qui croire : ceux qui avaient résisté tout en poursuivant leur métier normalement ou ceux qui, normalement, s'étaient abstenus mais avaient eu de coupables fréquentations.

Je ne parlerai pas des femmes tondues en public, préférant saluer la solidarité féminine qui imposa la mode du turban, afin de donner aux cheveux de ces malheureuses le temps de repousser à l'abri des regards.

Au début, ceux qui savent que le seul vrai recours à l'oubli c'est l'humour et la dérision ont bien essayé de rire de tout, comme le fera Desproges plus récemment. On se racontait des « petites histoires » :

« *Un p'tit juif de province remonte les Champs-Élysées. Comme il est un peu perdu, il s'adresse à un grand jeune homme blond :*

– Pardon Monsieur, la place de l'Étoile ?

Sans même s'arrêter, l'homme lui dit en se tapotant le cœur :

– À gauche mon vieux, à gauche ! »

Dans un cabaret parisien, Jean Rigaud, pour les besoins de son tour, demande leur nom à trois tables. Comme le hasard fait que le premier s'appelle Lévy, le deuxième Block et le troisième Strauss, il rigole et improvise dans la foulée :

– *Non mais, dites-moi, c'était pas des fours crématoires, c'était des couveuses…*

Évidemment, c'est d'un goût plus que douteux ! Mais de là à avoir été boycotté comme il le fut de partout… On commença à regarder autour de soi pour savoir si on pouvait rire de tout comme c'était la grande spécialité de l'esprit français d'avant guerre…

Aujourd'hui bon nombre de tabous ont obscurci le ciel de l'humour à la française… Le Black a censuré le « nègre », le Beur le « bronzé », et la fameuse réplique « *Salomon est juif* » de De Funès suivie de « *Tant pis, j'vous garde quand même…* » ne serait plus envisageable par un metteur en scène aujourd'hui, même s'il s'appelait Tannenbaum comme Gérard Oury.

La crainte de poursuites judiciaires pour « racisme » a fait taire l'esprit frondeur préjudiciable à cette conquête des Droits de l'homme et du citoyen qui faisait dire à Victor Hugo « *le cœur libre d'aimer, comme l'esprit de croire…* ».

Notre civilisation judéo-chrétienne, libérée de tout intégrisme, reste un modèle pour l'humanité, et mes premiers catéchismes qui racontaient l'Ancien Testament (c'est-à-dire l'histoire du peuple juif) m'ont passionné. Il faut avouer que l'histoire de Samson et Dalila ou de David et Goliath sont quand même plus rigolotes que celles de sainte Thérèse de Lisieux ou de Bernadette Soubirous. Et je ne parle pas du veau d'or, qui est toujours debout, ni de Moïse dans son moïse dérivant sur le Nil qu'il assèchera plus tard d'un coup de baguette magique, lors d'une marée de grand équinoxe…

L'histoire des religions, de l'évolution des peuples est passionnante et digne du plus grand respect à condition de considérer que notre liberté s'arrête là où commence celle des autres…

Le mot de la fin vient bien sûr encore de Victor Hugo qui a dit : « *La liberté commence où l'ignorance finit.* »

Faire semblant que certaines femmes préféreraient porter un chapeau de paille et un bikini, sur une plage ensoleillée, plutôt que les voiles noirs que la tradition leur impose… Ma grand-mère devenant veuve, au début du siècle dernier, dut bien porter un voile noir, dit crêpe, jusqu'aux genoux pendant les six mois qui suivirent son deuil…

Il faut du temps au temps et je pense que celui où mon copain Momo devait ne monter que dans le dernier wagon du métro est à jamais révolu.

Bien sûr, il faudra rester vigilant et retrouver l'humour et la dérision qui sont les garants de la liberté…

Le reste est une question de savoir-vivre… et de patience.

CLAUDE DARGET ET « LA VIE DES ANIMAUX »

Dans un petit studio de mixage de l'ORTF, rue Cognacq-Jay, Claude Darget enregistre les commentaires de « La Vie des animaux », émission incontournable de Frédéric Rossif qui, de 1952 à 1966, fit le bonheur des téléspectateurs avides d'images exotiques. La suite des séquences, puisées dans un stock chaotique, prenait toute sa valeur grâce à un commentaire tout aussi échevelé, égrené par la voix acidulée et pleine de sous-entendus de Darget.

– *Et c'est ainsi que, sans attelle, les singes hurleurs se sont tus, dans l'immense sérénité des grands baobabs solitaires du continent africain…*

Présent dans la cabine de son, ayant rendez-vous avec Claude pour je ne sais plus quelle collaboration, je cherche à donner un sens à cette phrase placée sur des images archi-classiques de singes se balançant d'une branche à l'autre dans la forêt africaine.

… *sans attelle*… allusion aux atèles ? Singes d'Amérique du Sud !

… *les singes hurleurs se sont tus*… l'astuce est visible, mais le problème, c'est que le singe hurleur lui aussi est typiquement américain !

Quant à la sérénité des *grands baobabs solitaires*, à mon humble connaissance, si les baobabs sont bien d'Afrique, ce sont des arbres rarement isolés les uns des autres.

Toutes ces questions, à l'époque assez nébuleuses dans ma tête, me font cependant questionner Claude quelques instants plus tard en rigolant :

– *Qu'est-ce que tu as voulu dire avec tes attelles de singes hurleurs... et ta sérénité des baobabs... ?*

Me montrant alors un papier sur lequel étaient gribouillés quelques mots soulignés et des chiffres repères de minutage, Claude Darget marqua un temps d'arrêt, froissa le papier et dit, l'enfouissant dans sa poche :

– *Ne t'inquiète pas, si ni toi ni moi ne savons ce que ça veut dire, EUX ils sauront !*

Je n'ai jamais oublié cette phrase et son complément indirect... d'objet.

GÉRARD OURY ET LE « SCP » QUI NE PASSE PAS

Cette « petite histoire » a enchanté mon adolescence :

Dans un restaurant, un type demande l'addition, puis la détaille. Au milieu de la note, trois lettres avec un prix attirent son attention. SCP = 10 francs… Intrigué, il appelle le garçon.

– S'il vous plaît, SCP 10 francs, qu'est-ce que c'est que ça ?

Négligemment, le garçon prend la note, regarde puis, sortant son crayon :

– Rien, c'est « si ça passe » ! Et là, ça passe pas !

Et il soustrait les 10 francs…

Dans la vie, on avale des tas de SCP, bien souvent par lassitude.

– Ça n'en vaut pas la peine ! Laissons tomber.

Et puis, allez savoir pourquoi, il y a des SCP qui ne passent pas. C'est ce qui est arrivé à Gérard Oury à propos de son film *La Folie des grandeurs* avec de Funès et Montand.

Tout le monde sait qu'Oury, après avoir réuni le tandem magique Bourvil-de Funès dans *Le Corniaud*[12] et *La Grande Vadrouille*, allait de nouveau les

12. À propos du *Corniaud* où, le fait est avéré, de Funès toucha un cachet trois fois inférieur à celui de Bourvil, étant donné la cote des deux acteurs à l'époque, on m'a raconté qu'à l'origine du contrat, Bourvil était seul en haut de l'affiche et de Funès en bas, en vedette américaine. Ce serait à la demande de Bourvil « *Non, il faut mettre Louis en haut avec moi !* » que « Fufu » dut partager la vedette pour la première fois au-dessus du titre. On m'a assuré également que dans le cas contraire, rien n'aurait été modifié…

réunir, lorsque « Fufu », comme on l'appelait dans le métier, s'en alla faire rigoler saint Pierre :

– *Hein ? Quoi ! C'est ça l'entrée du paradis... Non mais regardez-moi ça, c'est plein de nuages... Vous faites donc jamais la poussière ici... Où il est l'patron ?...*

Désespéré, Oury cherchait un substitut, lorsqu'il rencontre Simone Signoret qui lui dit :

– *Cherche pas, Gérard, pour le rôle de Blaze, j'ai celui qu'il te faut.*

Le film prit un autre ton avec Montand, mais le nouveau tandem fonctionna, grands professionnels tous les deux, leur estime réciproque et l'habileté d'Oury firent merveille.

Pour la promotion du film, si, comme à son habitude, De Funès resta discret, Montand et son tempérament méridional se déchaîna.

– *On s'est beaucoup amusés, Louis et moi, Gérard Oury nous laissait improviser... Dans la scène où je vais réveiller Don Salustre, l'idée m'est venue comme ça ! « Monseigneur, il est l'or (au lieu de l'heure, ça m'est venu en tournant...) »* Et de rejouer la scène, l'œil plein de concupiscence... « *C'est l'or Monseignor, il est l'or...* »

Anecdote reprise à maintes reprises par les médias... et même les proches. La preuve, au moment où j'écris ces lignes, pas plus tard qu'hier soir, janvier 2013, sur TMC, au cours d'une émission consacrée à de Funès, Benjamin Castaldi, qui est le fils de la fille adoptive de Montand, racontait l'improvisation de Montand-Blaze dans le film.

– *C'est Montand qui a trouvé « Monseignor, il est l'or... »*

Erreur totale. C'est le SCP que n'avait pas supporté Gérard Oury au point de l'avoir vu, lors d'une émission que lui avait consacrée, je crois, son petit-fils, de paraître à l'écran, vieux et émacié, affublé de lunettes pareilles à des loupes sur le nez.

– *Le « Monseignor, c'est l'or » n'était pas du tout improvisé comme ON le raconte, la preuve... Regardez le script du tournage que j'ai conservé...*

Et de faire faire un zoom avec gros plan sur le texte de la brochure originale du film. Un peu défraîchie par l'usage... où l'on pouvait lire :

« *Blaze : (Agitant les écus) Il est l'or, Monseignor... Il est l'or !* »

Au moment de payer la grande addition de sa vie, si ce n'est pas faire ôter le SCP de la note qui vous est présentée, le gravier qui vous égratigne le talon lors du jogging.

Directeur d'acteurs et metteur en scène comblé, Gérard Oury avait dû, comme tout le monde, avaler dans sa vie des couleuvres assurément beaucoup plus grosses que ce jeu de mots d'une qualité nettement médiocre.

Avant de quitter la grande scène, pour Gérard Oury, c'était un SCP qui n'était jamais passé… En quelque sorte, ce fut pour lui « l'or de la vérité, Monseignor ».

LA FOIRE AUX CHANSONS À LA KERMESSE AUX ÉTOILES

… *On va vous enfermer, oui votre compte est bon…*

Au lieu de : *ficelle, ficelle, sois donc bénie, ficelle oh mon amie…*

J'entends Charles Trenet chanter :

… *Ma lime, ma lime, sois donc bénie, ma lime oh mon amie, car grâce à toi je me suis enfui, j'me suis enfui cette nuit.*

Et depuis… Je chante… etc., etc.

En 1939, la TSF « Point Bleu » de mon grand-père diffuse en direct sur Radio Paris je ne sais plus quel programme et je m'écrie :

– *Il se trompe de paroles !*

– *Non*, rectifie « Pépère », *il expurge !*

Et de m'expliquer que la version originale, avec la « ficelle » qui le fait se « pendre » et que Trenet dit « bénie », n'ayant sans doute pas plu aux curés…

– *Louis !* interrompt « Mémère » d'un ton impératif.

– *Disons donc*, reprend mon grand-père, *que se pendre n'étant pas religieusement correct, on avait dû le prier de trouver une autre fin…*

Des années plus tard, sur un plateau de télé où nous recevions Charles Trenet, je lui contais ce souvenir qui lui amena un sourire à la Notre-Dame-de-Lourdes.

– *Ah oui, c'est vrai, j'avais promis à un ami de la Marquise* (Madame Raoul Breton), *le Père…* (disons Pétuel) *de rectifier ma copie. Je l'ai fait une fois en direct, après j'ai repris ma ficelle et ils allèrent se faire pendre ailleurs.*

J'avais 11 ans à l'époque et ma mémoire ruisselle encore de chansons. Georgius, « l'amuseur public n°1 », m'enchantait avec « *quand les andouilles voleront, tu seras chef d'escadrille…* » (repris et déposé dans la bouche de Gabin au cinéma, « l'andouille » dépendue au profit des « cons ») ; « *Ça, c'est d'la bagnole* », « *Sur la route de Pennezac, laïrac couscous* » ; Milton : « *Tu me fais pouët pouët.* » Quelques années plus tard, au piano, avec tous les petits formats des chansons de Trenet, chantant avec mon frère Jacques « *Ah qu'il est beau le débit de lait, ah qu'il est laid le débit de l'eau…* » (Sans prêter attention au fait que Francis Blanche était « co »-auteur des paroles.)

Pour moi, une tournée avec *L'Avare*, où j'étais, à 16 ans, régisseur et jouais Le Commissaire et Lamerluche, fut auprès des vieux comédiens qui étaient de la distribution une source de chansons étonnantes.

Avec fausses rimes.
– J'vais vous raconter l'histoire
De Madam' Putiphar
Un' fem' qui s'mettait du fard
Tous les soirs sur l'coin d'la poire
Elle avait l'teint rubicond
Un' grand' bouch' et un p'tit nez…

– Putiphar, c'était la femme
D'Pharaon vieux ramolli
Qui, quand t'y s'mettait au lit
F'sait l'désespoir de la dame
Il préférait passer outre
Plutôt que d'perdre tout son sang…

– Un jour, elle fit connaissance
D'un hom' prénommé Joseph
Elle lui dit t'es pas bésef
Viens chez moi que je te montre
En écoutant le coucou
Comme je sais tirer les rois…

Évidemment, ça n'est pas très littéraire et moins fleuri que *L'Annonce faite à Marie*, mais ça permet de se dégourdir l'esprit, vite fait, en passant loin de chez Proust…

Si vous êtes encore là… Celle-ci aussi me revient, elle est connue sous le titre du *Curé Pineau* :

– J'vais vous raconter l'histoire
De Pineau curé d'chez nous
Pineau cu… Papa
Pineau cu… Maman
Pineau curé d'chez nous.
– Monsieur l'curé a un carrosse
Dont les roues pètent sur le pavé
Les roues pètent… etc., etc.
– Monsieur l'curé a un jardin
Il en cultive les fleurs… etc., etc.
– Monsieur l'curé a une fontaine
Au bord d'elle il vient s'asseoir… etc., etc.
– Monsieur l'curé dit au vicaire
Sortons zobserver le couchant… etc., etc.

L'esprit gaulois se complaît dans ce genre de gaudrioles, et ce n'est pas pour rien…

On raconte que le célèbre mot de Brennos ou Brennus « *Malheur aux vaincus* » ne fut pas prononcé lors de la pesée de la rançon, mais devant 20 jeunes Romains qui faisaient partie du lot.

Évidemment, à côté du « Phénomène Humain » de Teilhard de Chardin, c'est pauvre, mais ça permet de voir se renfrogner les frustrés de la zigounette et s'éclater les clients du bazar. Il est certain que nous sommes à des lieues de chez Proust, dont le succès m'a toujours surpris, étant donné que le pastiche des célébrités de son époque, dépeintes dans ses œuvres et faisant l'objet des rires entendus dans les salons, ayant disparu, enleva cinquante pour cent de son intérêt… Allez donc raconter aujourd'hui pourquoi les petits calots bleu, blanc et rouge de nos marins, collés dans les yeux de Couve de Murville sur ses affiches, lorsqu'il se présenta à Paris, ont fait rigoler les initiés…

J'ai eu l'immense honneur et le plaisir de chanter un jour, dans le « Champs-Élysées » de Michel Drucker, une chanson dont le refrain était repris en chœur par les deux troupes de deux de mes pièces de théâtre jouées alors à Paris, *Reviens dormir à l'Élysée* à la comédie Caumartin (8 ans), *La Barricade dans le salon* (1 an) :

À Trianon
Ça s'passait jadis à Trianon
Dans la verdure et la bruyère
Au milieu de ses petits moutons
Lucas embrassait sa bergère
Tandis que la chatouillait le gars
Lisette riait à tue-tête
Et comme la censure
En ce bon vieux temps-là
N'existait pas
Dans les bosquets et les taillis
On entendait ceci :

Je veux un gros… Ho Ho
Je veux un gros… Ha Ha
Un gros bouquet de fleurs, petit berger volage
Je veux que tu me la mett's au… Ho Ho
Me la mett's au… Ha Ha
Me la mett's au corsage
Je te tiens les… Ho Ho
Je te tiens les… Ha Ha
Je te tiens les mains pour te forcer d'être sage.

Et c'est ainsi que ça s'passait
Tir' la ridaine
Tir' la ridon
Dans les jardins de Trianon, etc., etc.

GUITRY ET MOLIÈRE, LE GRAND PATRON

Guitry Alexandre, dit Sacha, avait une passion pour Molière auquel bon nombre de contemporains le comparent avec juste raison, à la différence près que c'est une femme qui causa la souffrance et l'amertume de l'un, et toutes les femmes la causticité de l'autre.

Guitry disait de Molière, le grand patron :

« … *Vous vous rendez bien compte de ce que peut être Molière pour un auteur dramatique. N'oublions pas que l'art dramatique est l'art le plus compliqué qui soit. Il s'adresse en même temps à l'œil, à l'oreille et à l'intelligence.*

Alors, Molière, c'est l'homme qui fait des pièces comme un jardin produit des fleurs, c'est l'homme qui joue ses propres œuvres, qui fait des tournées, qui dirige un théâtre, qui fait des farces quand ça lui chante, des chefs-d'œuvre quand ça lui plaît… Et qui meurt, un soir, sur la scène en jouant la comédie… Le rêve ! »

Après avoir écrit et joué 124 pièces et tourné 36 films, dont un unique : *Ceux de chez nous*, Guitry est mort ayant préparé et écrit sa dernière phrase :

– *Il ne faut pas que je rate mon entrée !*

ON N'A PAS LE C… D'ÊTRE AUSSI DROIT, DISAIT GAINSBOURG

– *C'est Michel Droit !*

Droit comme un « I » majuscule, « l'immense journaliste » fait son entrée chez Edgard, restaurant à la mode de ces années 1980. Pratique, en sortant de notre émission quotidienne sur Europe (19 ans de suite de 11h30 à 13h), nous venons y déjeuner tous les jours à la « table des Rouland ».

La FDMV, toujours à mes côtés, a l'habitude de me rappeler discrètement les arrivées des personnalités que ma distraction ou mes carences « physionomistiques » auraient pu omettre de saluer au passage.

– *Droit ! Le comble de la suffisance !*

Preuve en est, le déplacement du grand reporter qui vient droit vers nous, mi-sourire accroché aux lèvres, œil de velours, façon d'affirmer « *Hé oui, c'est bien moi* ».

Il vient d'être élu à l'Académie française à la suite d'une « *erreur de vote* », comme me l'a un jour confié un de ses hôtes Immortels…

Auparavant, sa polémique avec Serge Gainsbourg à propos de *La Marseillaise* en reggae avec pour titre *Aux armes et cætera…* a fait grincer les dents des uns et rigoler les autres. Il faut dire que Droit, usant de sa position prépondérante dans *Le Figaro Magazine*, y a écrit qu'en voyant Gainsbourg, il se sent « *devenir écologiste... en état de défense contre une sorte de pollution ambiante qui me semble émaner de sa personne et de son œuvre comme de certains tuyaux d'échappement...* » C'était sans doute oublier que Serge avait porté l'étoile jaune et que des milliers de juifs avaient été gazés... avec des tuyaux d'échappement de camions. Gainsbourg se vengera en répandant dans Tout-Paris ce mot :

– *On n'a pas le c... d'être aussi Droit !*

Il faut préciser que le fameux *Aux armes et cætera...* est textuellement écrit sur la partition originale du manuscrit de Rouget de l'Isle. En effet, après le 1er couplet suivi du refrain, pour les 5 couplets qui suivent, il est écrit : « *Aux armes et cætera...* » Pour clore cette pénible polémique, Serge Gainsbourg se rendit en décembre 1981 à la salle des ventes de Versailles où il acheta à prix d'or (environ 20 000 €) un manuscrit original de Rouget de Lisle, daté de 1833, et que celui-ci, lors bien oublié, qualifia de « vieille sornette ». (Hymne national officiel seulement en 1879.)

Donc, ce midi-là, chez Edgard, Michel Droit passe, raide comme un piquet de grève, et va s'installer à la table juste derrière la nôtre où l'attendent trois personnes.

Quelques minutes plus tard, entre Antoine Blondin dont le talent nous ravit à divers degrés.

Passant devant notre table, il me gratifie d'un petit salut amical et je l'entends dire, en donnant une claque sur l'épaule de l'académicien assis derrière moi :

– *Alors c... ! Toujours Droit ?*

Il s'éloigne, puis, comme à regret, revient sur ses pas :

– *On peut inverser les mots, ça changera rien, d'accord ?*

Et il se fond dans la foule masticatoire du Tout-Paris.

En mars 1989, Michel Droit est invité à une chasse au lion au Nord-Cameroun. Au cours du safari, alors qu'ils sont à des heures de tout lieu civilisé, un chasseur, devant lui, s'immobilise, la main en forme de panneau indicateur.

– *Là-bas ! Un lion...*

Droit se précipite pour voir… Las, il se prend les pieds dans une souche, s'étale fusil à la main, le coup part en tir rasant, broyant la cuisse de l'infortuné coéquipier…

Intransportable, cet homme de 47 ans, père de 4 enfants, va mourir là, exsangue, demandant que son meurtrier par maladresse reste hors de sa vision.

La principale gloire de Michel Droit fut d'avoir été choisi par de Gaulle comme interviewer à plusieurs reprises, ce qui lui valut, des jaloux, le titre de « porte-coton du Général ».

C'était, paraît-il, en dehors de sa suffisance, un brave homme ! « *Le temps ne fait rien à l'affaire* », disait Brassens. La preuve, c'est que mon grand-père me posait déjà cette devinette dans les années 1940 :

– *Quelle différence y a-t-il entre un sot et un prétentieux ? Réponse : un sot n'est pas forcément prétentieux.*

Si vous changez deux lettres au mot « SOT », ça reste toujours d'actualité.

M. CHEVALIER, RETOUR SIFFLÉ À LA LIBÉRATION

– Les collaborateurs au poteau! Pas de pitié, 12 balles dans la peau!

Que n'ai-je entendu en 1944 ce slogan hurlé aux quatre coins de Paris où les brassards FFI ou FTP dépassaient encore de la pochette du veston... pour preuve! À l'époque, j'étais régisseur de théâtre à la pige et, engagé au Palais de Chaillot comme tel, j'aidais ce jour-là au bon déroulement d'un gala où une douzaine de vedettes se produisaient, dont Maurice Chevalier.

Arrêté pour être allé chanter en Allemagne chez les prisonniers dans leurs stalags , on avait très vite admis que même si *La Chanson du maçon* pouvait avoir des relents « collaborationnistes », il ne s'était pas montré plus « collabo » que bien d'autres artistes.

À propos de chanson d'ailleurs, le *Débit de lait débit d'l'eau* de Trenet, écrit avec Francis Blanche pour les paroles, disait en pleine période « Vichy » :

Ils ont enfin compris que leurs débits zunis
F'raient le plus beau et le plus grand des beaux débits...
Et maintenant si vous zi allez
Vous entendrez le joyeux babil
De deux gros bébés BLONDS...

Bref, passons! Avec un nom pas plus gros que les autres sur l'affiche du gala, Maurice Chevalier faisait ce jour-là son retour sur scène, avec pour public des soldats américains venus pour lui (grosse vedette avant guerre aux USA) et une cabale montée par les communistes.

Après un numéro de jongleurs, tandis que des harmonicistes sont sur scène, Chevalier s'en vient voir le régisseur responsable du rideau, près duquel je me trouve, la « conduite » du spectacle à la main.

– *Messieurs, bonjour. Lequel d'entre vous est chargé du rideau ?*

– *C'est moi !*, dit l'autre.

– *Bon, alors, écoute-moi bien. Quoi qui s'passe, tu ne fermes le rideau que si c'est MOI qui t'en donne l'ordre, OK boy ? Redis-moi ça.*

– *Vous inquiétez pas, j'ai compris, M'sieur Maurice.*

– *Non, je te l'dis encorrr, il se peut que des tas de gens viennent te dirrr de fermer l'rideau. Orrr, seul Maurice Chevalier, c'est-à-dirrr moi, pourra venir te le demander. Pigé ?*

Et comme l'autre assure qu'il a bien saisi, avec toute l'autorité d'un grand patron, Maurice insiste :

– *Non, tu me le répètes ? Je veux t'entendre me le dirrr, toi !*

Un temps et, avec un tremblement... de rage ?... de crainte ?... de soumission ?... le régisseur s'exécute :

– *Seul vous, Monsieur Maurice, pouvez me commander de fermer le rideau, c'est ça ?*

– *Voilà ! Tu vois comme on s'entend bien entre gens de métier !*

Intrigué au plus haut point après l'annonce, j'observe l'entrée en scène de Chevalier accueilli par un concert de sifflets... à roulette pour les uns, mais normaux pour la moitié de GI's qui occupe la salle.

Alors, sans transition, en préaccord évidemment avec le chef d'orchestre dans la fosse, Chevalier entonne, sono à fond la gomme :

– *I love you... my darling...*

Comme les sifflets à roulette continuent, j'aperçois dans la salle des Américains qui, ignorant tout du boycott, intiment les perturbateurs de la fermer (en anglais « *shut your kisser* »). Même quelques coups de poing s'échangent tandis que, imperturbable, sur scène, Maurice roule des airs et ondule du canotier.

– *... promenade Mademoiselle... I love you...*

La chanson se termine dans un ressac de sifflets parmi lesquels j'ai déjà du mal à distinguer ceux « qui roulent ».

Deuxième chanson mi-anglais mi-français, troisième…

– *Prosper youp la boum…*

Là, le succès se confirme, et pour finir, « *Ça sent si bon la Fran… ceu !* » apporte un triomphe d'applaudissements mêlés aux sifflets américains. Chevalier brandit son canotier, effectue quelques pas de danse vers nous et lance à mon responsable du rideau qui cherche à comprendre ce que Maurice a bien voulu redouter.

– *Tu boucles quand tu veux coco… Deux faux rappels et basta…*

Des années plus tard, lorsque nous avons eu le bonheur de faire un « Plein feu sur l'optimisme » avec Maurice, je lui ai rappelé l'événement. Il a fait un geste aussi vague qu'immense.

– *Vous savez, Rrrrouland, j'ai eu le bonheurrr d'être ovationné dans le monde entier… C'est pas à Paris, ma ville, qu'on allait me clouer l'bec… Y'a qu'la camarde qui pourra le faire… et encore, faudra qu'elle se donne du mal…*

Il avait 77 ans à l'époque. Trois ans plus tard, pour ses 80 piges, il fait ses adieux au théâtre des Champs-Élysées où j'emmène la FDMV qui ne l'avait jamais vu sur scène.

Si beaucoup de chansons m'ont éveillé des souvenirs émus, une seule chose m'a épaté, mieux m'a bluffé.

Après avoir ôté sa veste de smoking et dénoué son nœud papillon afin de revêtir une veste rapiécée pour chanter « *Ma pommeu… c'est moi aaah…* », il remettait sa veste de smok' et ajustait son nœud pap' dans son col… C'est alors que, tenant les deux extrémités de celui-là, il se tournait vers la coulisse et mimait.

– *Vous n'auriez pas un miroir ? Oui… pour faire mon nœud pap' ? Non… Vous êtes minable…*

Embarrassé, penaud, il se tournait alors vers la salle, son regard parcourait le premier rang et s'arrêtait sur une jolie dame.

– *Oh Madame ! que vous avez de jolis yeux… Vous permettez que je vous les emprunte juste un instant ?… Si Monsieur veut bien…*

Il faisait monter la dame sur la scène et alors là, tout en continuant de parler en la regardant droit dans les yeux, avec des gestes mesurés, précis, nets, sans une bavure, il refaisait son nœud pap' en cinq secondes…

Je sais bien que le nœud papillon n'est plus à la mode et que les rares soirées où il est de rigueur, il est « tout fait d'avance »… Mais moi qui, dans ma jeunesse, ai passé des moments infernaux devant mon miroir pour arriver... à faire un nœud bancal, j'ai imaginé les heures de travail qu'il avait fallu pour arriver à un tel résultat longuement applaudi.

Maurice Chevalier est mort le 1er janvier 1972 à Marnes-la-Coquette où il est enterré. Il avait 83 ans, et un firmament étoilé d'applaudissements avait déferlé sur son canotier légendaire.

Aujourd'hui, le mot « canotier » évoque surtout le peintre Renoir avec son célèbre tableau du *Déjeuner des canotiers* peint en 1881 au restaurant Fournaise à Chatou, à la seule nuance près, c'est que le mot « canotier » désigne les amateurs de canots sur la Seine et non pas le chapeau fétiche de Maurice ou Fred Astaire, dont aucun modèle semblable ne figure d'ailleurs sur la toile.

LES COUPS DE PIED AU C… DE PAGNOL

« … *Je commencerai donc par vous dire que le plaisir que j'ai de vous accueillir sous cette coupole n'a d'égal que mon étonnement… de vous y voir…* »

Rires dans l'hémicycle où, en ce jeudi 3 décembre 1959, Marcel Pagnol répond au discours de réception de Marcel Achard.

La foule des grands jours s'est pressée sur les bancs de cette docte assemblée pour assister à l'événement. Car, si Marcel Pagnol est devenu immortel en 1947, grâce à son talent d'auteur de chefs-d'œuvre, tant au théâtre qu'au cinéma – *Topaze*, la trilogie *Marius*, *Le Schpountz*, etc. –, Marcel Achard n'a rien à lui envier, tout au moins au théâtre, avec *Jean de la Lune*, *Domino*, *Patate*, *L'Idiote*, etc. Tous deux hommes d'esprit, ô combien ! Exemple :

M.A. : « *Le public des "générales". Si la pièce est mauvaise, il s'emm… Si elle est bonne, ça l'emm…* »

M.P. : « *Le rire, c'est une chose humaine, une vertu qui n'appartient qu'aux hommes. Et que Dieu peut-être leur a donné pour les consoler d'être intelligents.* »

Donc, rires pour cet « étonnement » de Pagnol d'avoir à accueillir sous la coupole son confrère Marcel Achard.

Et l'auteur de *Marius* rappelle que si Molière n'avait pas eu le droit d'accéder à l'Académie française, fondée par Richelieu, ce n'était pas, comme l'affirmait Boileau, pour avoir « *été rossé dans un sac en jouant* Les Fourberies de Scapin » pour la bonne raison qu'il ne jouait pas Géronte mais Scapin, lequel donnait, lui, les coups de bâton à celui-là dans le sac.

Non, précisait Pagnol. « *Ce que l'Académie ne pardonna pas à Molière, ce fut tout simplement d'avoir fait le métier de comédien.* »

(Rappelons que la noble assemblée fit amende honorable quelques siècles plus tard, en mettant le buste de Molière en bonne place sous la coupole avec cette phrase : « *Rien ne manquait à sa gloire, il manquait à la nôtre !* »)

Ayant rappelé ce fait historique, Pagnol enchaîna :

« … *Eh bien, Monsieur, je regrette d'avoir à vous rappeler ici que vous êtes monté vous-même sur les tréteaux… Et quel rôle avez-vous interprété ? Cinna ? Hernani ? Chatterton ? Point. Vous avez joué, Monsieur, le rôle d'un pitre de cirque dans une pièce que vous aviez délibérément composée vous-même. J'en parle savamment car je vous ai vu, Monsieur, la face enfarinée, le menton pointé, les pieds en dedans… Je vous ai vu, dis-je, soulever de grands éclats de rire et des applaudissements prolongés en recevant, Monsieur, des coups de pied !… Et des coups de pied où cela, Monsieur ?* » Un temps… Suspense… « *Au théâtre de l'Atelier…* »

Rires énormes et applaudissements spontanés, chose rare et précieuse sous cette coupole où tant de grands, qui croyaient à l'immortalité de leur nom, ont sombré dans l'océan de l'anonymat.

ANTOINE BLONDIN ET LES PINTADES DE MME GODDET

Antoine Blondin, surdoué de la littérature, ses petits déjeuners au Ricard dans lequel il trempait son croissant ont égayé les Tours de France dont il assuma les rubriques 27 fois, pour *L'Équipe*.

Lorsqu'il était « bien », il cherchait querelle aux plus costauds que lui, et Dédé Pousse, qui fut un ami intime, m'a raconté qu'il ne comptait plus les occasions où il avait dû éviter « le massacre » à la suite de « jets de crachats » bien ajustés sur une des « brutes épaisses » détestées par Blondin. Pousse avait d'ailleurs une expression charmante pour tenter d'excuser les provocations de son « pote ».

– *Vous voyez bien que mon copain est « fatigué ».*

Bel euphémisme !

Ce jour-là, à l'étape, Blondin est assis pour dîner à la « cantine itinérante » que la nouvelle Mme Goddet, épouse du directeur de *L'Équipe* et du Tour, a prise en charge.

– *Je vais vous organiser ça, vous allez voir. Tout est question d'organisation.*

La veille, au menu, la « pintade aux choux » n'a pas fait l'unanimité, peu s'en faut, mais personne n'a osé « moufeter ».

– *C'est la femme du boss et...*

Et voilà qu'après l'entrée arrive le plat principal : « *pintade aux pommes sautées* »...

Murmure général et rigolade vite avortée car, précisément, Mme Goddet fait irruption dans la salle.

– *Alors les enfants, comment ça va ?*

Acquiescement général et, dans le silence qui suit, la voix acidulée de Blondin s'élève

– *Madame Goddet ?*

– *Oui Antoine ?*

Et, tandis que tout le monde pique un nez rigolard dans son assiette :

– *Si les pintades font le Tour avec nous, va falloir songer à leur mettre un dossard…*

20 MILLIONS CASH… ET LE PRÉSIDENT FLOIRAT

« Affirmation A : le ratel est le seul mammifère à pouvoir, comme l'homme, courir en arrière.

Affirmation B : le kakapo est un oiseau migrateur.

Monsieur, vous avez 1 minute de réflexion avant de nous dire laquelle de ces deux affirmations est vraie. Je vous rappelle qu'il y a 20 millions de francs en jeu… Top chrono. »

Octobre 1977, à Europe 1, nous venons de lancer sur l'antenne un nouveau jeu, « 20 millions cash », somme en jeu considérable à l'époque. Silence sidéral dans le studio. Le chrono égrène inéluctablement ses secondes, le suspense est à son paroxysme, pour le candidat soit, mais encore plus POUR NOUS car, voici une semaine, nous avons déjà eu un gagnant à 20 millions ! De ce fait, le jeu a été « lancé » car 20 millions distribués à un joueur sur une antenne, c'était un événement sans précédent.

Évidemment, en « vendant » le jeu à la direction d'Europe (Étienne Mougeotte, Jean-Luc Lagardère et le président Sylvain Floirat), Bellemare avait dû mettre en avant les risques encourus.

– Le calcul des probabilités que nous avons fait faire par des spécialistes donne trois gagnants dans la saison…

– *Ça fait soixante millions ça, Bellemare !*

– *60 millions, oui Président.*

Pour Sylvain Floirat, alors âgé de 78 ans, apprenti charron devenu milliardaire grâce à son sens inné des affaires et son travail acharné, c'était une colossale mise en jeu et, dans sa tête remplie de chiffres qui s'inscrivent en plus et en moins, toute MISE devait rapporter en PROPORTION. Là, c'était : gain d'écoute et donc nouvelles recettes pour la régie publicitaire d'Europe 1. Restait le risque…

De sa voix pleine de rocailleuses venues de son Périgord natal, le Président avait lancé un regard inquisiteur vers Étienne, puis vers Jean-Luc.

– *Vous crrroyez ? C'est une grrrrosse somme !*

Ceux-ci adoptant l'attitude néo-normande du « p't'ête ben qu'oui », retour sur Bellemare dont l'œil bleu azur assumait la solidité d'une digue prévue pour une marée d'équinoxe… mais qui ne pouvait rien garantir contre un tsunami.

– *20 millions cash ! Tout est dans le titre, Président !*

Un temps, le « *qui risque rien n'a rien* », lequel fait partie de la panoplie de l'homme d'affaires, l'emporta sur la « *sûreté, fille de maman prudence* ».

– *Allez-y Bellemare, on vous fait confiance…*

Combien cette phrase devait, en ces secondes s'égrenant du sablier sonore, s'inscrire en lettres rouges devant les yeux du grand Bellemare, suivie d'une autre terrible, fatale celle-là : *3 gagnants dans la saison.*

Et nous en étions au 1er mois sur 12 avec déjà 1 gagnant.

– *15 secondes !*

Responsable avec Jean-Marc Epinoux du questionnaire, je spéculais sur le raisonnement du candidat : le ratel qui 1) court ou non en arrière ? ou 2) qui est ou non le seul à le faire ? Et le kakapo (nom inventé ?) qui 1) est ou non un oiseau ? ou 2) migrateur ou non ? C'était carrément du pile ou face, A ou B bien sûr.

– *5 secondes !*

Échange de regards avec Pierre, pour nous aussi c'est du pile… Ouf, on a eu chaud… Ou face, on est en plein « dedans ».

– *Monsieur, une seule de ces affirmations est vraie, on vous le rappelle. Affirmation A : Jean-Paul…*

Je prends tout mon temps pour distiller mon texte, ce n'est pas tous les jours que vous jouez avec 20 millions sur le tapis des ondes.

Mon frère Jacques relit à son tour l'affirmation B.

– Monsieur, votre réponse. 20 millions sont à portée de votre choix.

Mon regard est suspendu aux lèvres du candidat, mon rythme cardiaque n'a jamais été aussi intense…

– Réponse A !

Mon cœur a cessé de battre. Je n'ose lever mon regard sur Pierre. C'EST LA BONNE RÉPONSE.

Comme dans un rêve, j'entends Bellemare qui insiste, des fois que… miracle, il se reprenne !

– Monsieur, vous êtes bien sûr de votre choix ?… Je vous rappelle que 20 millions de francs sont en jeu.

– Oui, réponse A.

Oh n… de D…

– Qu'est-ce qui vous fait choisir le ratel ?

– Comme ça, au pif.

– Eh bien, Monsieur, nous allons savoir si vous avez vu juste… après une page de publicité.

Normal, avec 20 millions en jeu en cet instant, les annonceurs, qui, forcément, vont avoir un compte-rendu de l'émission, seront enchantés d'avoir été là au bon moment. J'admire le calme et le réflexe commercial de Bellemare dans de telles circonstances, un grand pro.

Évidemment, pendant cette pause, c'est à qui de « ceux qui savent » de rester le plus imperméables, surtout moi, face à Harold Kay, qui dit les « pubs » en direct et dont les yeux implorent une réponse… mais rien ne passe. Il faut savoir rester de marbre, ça fait également partie du métier.

Après la pub, on prend tout son temps. Pierre Bellemare nous fait même relire les affirmations, à Jacques et à moi, et puis il faut bien y passer.

– Monsieur, vous avez choisi l'affirmation A… Jean-Paul ?

– Le ratel est le seul à pouvoir, comme l'homme, courir en arrière… Répoooonse… EXACTEU…

Un temps, explosion dans le public, le candidat vacille sur sa chaise, Harold Kay, scotché, les yeux en billes de loto, me dit dans un souffle :

– Non, c'est vrai ?

Comme si je pouvais inventer une chose pareille pour dire ensuite au candidat :

– *Poisson d'avril, Monsieur, vous avez choisi la mauvaise...*

Derrière la vitre de la cabine technique, branle-bas de combat. Une foule excitée entre et sort ou se bouscule. Le photographe d'Europe flashe à tout va et j'imagine, dans son bureau, le président Floirat, étendu sur son bureau à qui on fait du bouche-à-bouche.

Évidemment, la question qui allait se poser maintenant était capitale : comment cesser de distribuer 40 millions, comme ça, tous les mois ? Dès l'après-midi, tempête sous nos crânes. Bellemare était convoqué par le Président dès 9 heures le lendemain et, d'ici là, il fallait trouver une parade au tsunami évoqué ci-précédemment.

Ayant tout mis à plat, l'évidence était que le « pile ou face » de nos questions n'intervenait que sur les quatre dernières... Avant, la connaissance et la subtilité entraient en ligne de compte... Il fallait donc verrouiller, sans en avoir l'air, avec six questions de pur blanc ou noir comme à la roulette jouer 6 fois noir ou rouge, pair ou impair. De plus, pour limiter les gains, les futurs candidats devraient pouvoir sortir avec une petite somme avant de tenter la montée des 6 dernières questions sans avoir le droit d'abandonner en cours.

Je n'étais pas présent lors de l'entrevue de Bellemare et l'aréopage d'Europe le lendemain matin, mais dès le midi sur l'antenne, après avoir félicité, congratulé, questionné l'heureux gagnant, Bellemare, avec une superbe et une conviction que seul lui savait afficher, annonçait que :

– ... *Pour donner encore plus de chance aux futurs candidats de gagner, eux aussi, 20 millions cash, nous avons un peu modifié le règlement. Voilà :...*

C'est passé comme un texto sur un portable. Nous avons eu un 3e gagnant à la fin du mois de mai, ce qui nous a permis de boucler la saison en beauté avec les « zonneurs de la guerre des zaudimats ».

Le lendemain de ce jour où, une seconde fois, 20 millions venaient d'être ponctionnés dans les caisses d'Europe 1, le hasard fait qu'en arrivant pour l'émission du midi, rue François Ier, je passe devant l'ascenseur au moment précis où le président Floirat y entrait. Comme il se retourne, je lui adresse la plus joviale des salutations.

– *Bonjour Président ! Ça va ?*

Avant que les portes ne se referment, le plus sérieusement du monde, il me répond du tac au tac :

– *Ça va ? Ça va ? Vous êtes un rrrrigolo, vous, Rrrrrouland !*

Rigolo ! Tandis que l'ascenseur élevait le président milliardaire jusqu'à son bureau encombré de devis et de bilans, je mesurais toute la chance que j'avais de n'être qu'un rigolo, synonyme d'inconscient, dans ce monde du show-biz où même les plus gros chèques se terminent par des misérables centimes…

Je n'ai jamais couru après « dame fortune », me contentant de vider consciencieusement et avec opiniâtreté mon compte en banque, afin d'en profiter un max avec ceux qui m'aiment, à l'encontre de ceux qui, pour engrosser ladite dame, ne cessent de courir après, voire même, à l'occasion, en marche arrière… comme le ratel.

Parce qu'en dehors de toute considération mercantile, le ratel, ou zorille du Cap, est bien le seul animal à courir en arrière comme l'homme (?), et le kakapo est réellement un oiseau de Nouvelle-Guinée, mais pas migrateur, le pauvre, car ses ailes atrophiées ne lui permettent pas de voler, tout comme feu le dodo de l'Ile Maurice. Il aurait d'ailleurs disparu totalement si, en 1995, les Néoguinéens, constatant qu'il n'en restait plus qu'une cinquantaine de spécimens, n'avaient pris des mesures draconiennes pour sa survie… Résultat : en août 2012, on en comptait 126 spécimens… Preuve en est, s'il en était besoin, que l'homme, animal qui peut courir en arrière, comme le ratel, peut aussi faire demi-tour sur le chemin de la « connerie », spécialité qu'il est bien, là, le seul à posséder sur la planète bleue.

HENRI SALVADOR ET LA CRITIQUE D'UN C…

– *Brravo Henri… Trrrès bien… Sourrriant… Allez…*

Sans cesser de suivre du regard son mari qui se déhanche en chantant sur la scène de l'Alhambra, Jacqueline met un bémol à sa voix pour me dire :

– *Il est trrrès mauvais, vous ne trrrrouvez pas ?*

Puis, sans même attendre une réponse de ma part, elle enchaîne :

– *Allez Henrrri, c'est bien…*

Nous sommes au final de notre émission « Le bon numéro » où, en direct, Salvador chante la chanson de Boris Vian « Faut Rigoler », et son épouse, juchée sur des talons de 20 cm et coiffée d'un extravagant chapeau champignon, placée à mes côtés, me met, par ses confidences, dans une situation délicate.

– *Il est pirrre que tout… Allez Henri…*

Devant les 1 500 spectateurs venus sur invitation assister à notre émission de télé, Salvador termine sa chanson.

– *… Nos ancêtres les Gaulois inventèrent le tabac, et c'est grâce à ce truc-là qu'ils s'fendaient la pip' à tour de bras… Faut rigoler…*

Et de s'écrouler sous un rire comme seul il savait si bien reproduire, tandis que des couples de couleur ondulaient autour de lui dans des tenues exotiques.

– *Brrravo Henrrri…*, continue près de moi Madame Salvador qui baisse le ton pour ajouter : … *Dieu qu'il est mauvais !*

Et la chanson se termine sur les applaudissements d'un public conquis, quoi qu'en pense l'épouse du chanteur.

Le rideau à peine tombé, tandis que Bellemare conclut l'émission en direct, Henri s'approche de nous et, s'épongeant le front avec le mouchoir que lui tend sa femme, quête son avis.

– Alors ?

Vu les critiques que j'ai entendues, je regrette plus que jamais de ne pas avoir eu la bonne idée de m'éclipser dès la fin de la chanson, et mes regrets se transforment en remords lorsque j'entends « la dame sur pilotis » répondre :

– Monsieur Rrrrrouland me disait que tu étais meilleurrrr à la rrrrépétition…

Comme je reste coi, scié par cette implication intempestive, Henri éclate d'un rire qui n'a rien d'artificiel celui-là, en disant :

– Lui ! Il n'y connaît rien, c'c… là !

Il est des situations où le silence des c… reste la meilleure des solutions. Qu'auriez-vous fait à ma place ?

EUROPE 1 À 100 À L'HEURE SUR L'AUTOROUTE DU NORD

« Sol mi do… sol mi do… »

– *Europe 1, le flash d'informations, Bernard Langlois.*

Tandis que nous nous enfournons dans la DS, la radio nous confirme ce que nous redoutions depuis quelque temps :

NOUS ALLONS RATER NOTRE PRISE D'ANTENNE.

Depuis plus d'un an que nous animons « Déjeuner Show » chaque jour de 12h à 13h, jamais, Sainte-Antenne merci, cela ne nous était arrivé. Situation humiliante s'il en est : rue François Ier, un studio public bondé, des techniciens aux boutons, un speaker chargé des publicités assis à la table de jeux, en l'occurrence Harold Kay, et trois chaises vides, celles de Bellemare et des frères Rouland…

Et où sont-ils, ces trois lascars ? Oh ! pas très loin, mais suffisamment pour rater leur entrée : à l'aéroport du Bourget.

Pourtant, tout avait été méticuleusement préparé pour ce gala exceptionnel à Monaco où nous étions invités le dimanche soir. Retour le lundi en avion privé, avec une marge d'une heure, de quoi être à l'aise dans le « cazou ».

Las ! Entre la marge sur un horaire et la latitude qu'accorde un impératif d'atterrissage, il y a une inquiétude qui, au fil des minutes, passe de la crainte à la certitude qu'on va rater.

– *Jean… À Europe, et vous foncez dans le brouillard.*

C'est dans ces circonstances exceptionnelles que l'on juge des capacités d'un chef et, dans ce cas-là, que l'on pouvait penser désespéré, jamais Bellemare ne fut autant à la hauteur.

Tandis que le chauffeur démarre sur les chapeaux de roue, Pierre empoigne le téléphone qui vient d'être installé et dont l'équipement, à l'époque, mobilise la moitié du coffre.

– *Allô Europe! C'est Bellemare, passez-moi la régie… Agnelli? C'est Bellemare, est-ce qu'on peut me passer sur l'antenne?…*

Un bruit de voix ulcérée bruisse de l'écouteur.

– … *On en parlera après. Peux-tu me passer sur l'antenne, c'est tout?*

Gargouillis, silence, Pierre me jette un coup d'œil appuyé. « *On va sauver la situation…* »

Et, à 100 à l'heure, sur l'autoroute du Nord, va commencer une des plus étonnantes émissions jamais faites. Après explication de notre situation mouvante aux auditeurs:

– *Mon cher Harold, à ma place, il doit y avoir plusieurs enveloppes kraft?*

– *Oui, Pierre.*

– *Vous prenez celle de dessus. Il y a écrit?*

– *Le «qu'est-ce que c'est».*

– *Très bien. Vous l'ouvrez et vous faites le jeu, vous le connaissez, vous êtes commis d'office, alors on vous écoute.*

Et la première partie de l'émission va se dérouler de cette façon, Pierre donnant notre position entre chaque séquence.

– *Nous arrivons maintenant à la Porte Clichy… Porte Champerret… Porte Maillot… Étoile… Champs-Élysées… George V…*

Notre arrivée dans le studio fut une sorte de triomphe.

Un ami réalisateur à Radio Luxembourg, que je rencontrais quelques jours plus tard, me fit ses compliments.

– *C'était une très bonne idée, votre «western» depuis Le Bourget. Le problème, c'est pas renouvelable tout de suite…*

J'eus beau lui assurer que seul le hasard avait créé l'événement, il ne voulut pas me croire. Aujourd'hui encore, moins que jamais, je ne pourrais le persuader… il est mort sourd.

JEAN-JACQUES VITAL ET PIERRE MINGAND, EX-JEUNE PREMIER

Sur scène, malgré sa cinquantaine assumée, l'artiste jongle avec une perche en bois de 6 mètres qu'il fait voltiger comme s'il s'agissait d'une vulgaire canne à pêche. C'est impressionnant, et le public ne retient pas ses applaudissements lorsqu'après lui avoir fait effectuer un tour complet en l'air, il la réceptionne sur son cou-de-pied, à l'image d'un footballeur avec son ballon. Ultime exercice, il pose la perche en équilibre sur son front… oscille de la tête et même se déplace bras en croix pour tenir cette perche de 6 mètres à la parfaite verticale… Oh là !… Soudain, l'équilibre se rompt, la perche penche dangereusement vers la salle… Elle va tomber… Un cri d'effroi succède au silence de stupeur des spectateurs qui voient ce mât de bois se précipiter sur leurs têtes…

C'est alors que, laissant glisser la perche le long de son visage et la guidant sous son aisselle tout en mettant un genou à terre, l'artiste laisse l'extrémité toucher le sol derrière son dos, puis la bloque à la force de ses bras, le long de sa cuisse, à quelques dizaines de centimètres des crânes du public.

C'est extraordinaire. J'en ai eu le souffle coupé. Jamais je n'ai vu (ni revu) un tel numéro de force et de précision.

J'ai encore dans l'oreille du souvenir le cri, le silence et la salve d'applaudissements qui suivirent cet exploit unique.

Et ce n'est pas fini. Ayant dégagé la perche en coulisse, l'homme s'est remis au piano où il exécute une chanson sur un rythme et avec une bonne humeur des plus communicatifs.

– *Pas mal, hein ?*

La remarque de Jean-Jacques Vital, qui en coulisse se trouve à mes côtés, semble on ne peut plus justifiée et j'opine d'un chef alors chevelu.

Je suis lors, en 1952, un petit régisseur de 24 ans tout récemment engagé dans l'équipe de Jean-Jacques Vital grâce à l'amitié et la confiance que me fait Jacques Antoine près duquel se trouve déjà Pierre Bellemare.

Le spectacle auquel il m'est donné d'assister est constitué d'une première partie « variétés » et, en vedette de seconde partie, « 100 francs par seconde », une émission phare de l'époque sur Radio Luxembourg. Cette émission, animée par Jean-Jacques Vital, est enregistrée en public, et la première partie music-hall permet de faire payer les spectateurs venus assister à une émission largement assumée par son sponsor : Dubonnet, l'apéritif qui défile à l'époque entre les stations du métro parisien : *Dubo, Dubon, Dubonnet.* (De quelqu'un qui s'est suicidé, on dit : « *il est descendu à la station Dubonnet* » !)

Le producteur de ces spectacles qui remplissent les grands cinémas de Paris et sa banlieue, c'est bien sûr Jean-Jacques Vital au sommet de sa bonne fortune avec « la famille Duraton, « La coupe interscolaire » de l'ineffable M. Champagne et autres émissions vedettes.

L'artiste « à la perche » qui chante maintenant en s'accompagnant au piano s'appelle Pierre Mingand. Il a fait une jolie carrière de jeune premier avant guerre au cinéma et, s'il se produit là sur scène dans un numéro de music-hall, c'est que son âge l'a frustré de son emploi de « jeune premier » et qu'il faut bien « faire bouillir la marmite ».

Et le public est conquis, et comme il fait « un tabac », Pierre Mingand, qui salue, fait un petit signe satisfait vers Vital : « *Tu vois, ils en redemandent !* » Celui-ci, qui a jeté un coup d'œil à sa montre, lui fait un impératif « *non, terminé* », mais comme le public poursuit son ovation, en s'excusant d'un geste, « *allez, une p'tite dernière* », Mingand se dirige vers le piano.

– *Ah non m…*, dit Jean-Jacques, contrarié, qui ajoute tandis que l'autre se remet à jouer, *Quel cabot ce mec… C'est pas possible !*

Évidemment, on sait combien dans le spectacle le temps minuté est précieux, mais là, cet artiste vieillissant qui renoue avec le succès devant un public populaire et va lui accorder un ultime numéro inédit, en jouant debout du piano, tout en faisant des claquettes… c'est formidable. J'en suis ravi pour lui et souscris à son geste : « Allez, une petite dernière » !

C'est alors qu'à mes côtés, Jean-Jacques Vital, qui semble au comble de l'exaspération d'un patron nargué dans ses décisions, fait une chose inouïe… Il sort de sa poche un trousseau de clés abondamment pourvu, le lance avec force dans la direction du chanteur en lui criant :

– *Tu fermeras la porte en partant !*

Ajusté avec adresse, le trousseau atteint le corps du piano à queue, glisse tout au long du couvercle pour s'arrêter au-dessus du clavier. Je reste pantois devant ce geste de mépris autant pour le public que pour l'interprète. Cela fait pourtant s'écrouler de rire l'auteur et les quelques témoins fayots qui l'entourent.

Beau joueur, Mingand a salué quelques instants plus tard en agitant les clés comme une sonnette. Il va les rendre à Vital en disant avec un large sourire qui ne m'a pas semblé crispé :

– *Alors là, tu m'as fusillé ! Quel tir !*

Je ne pus m'empêcher d'imaginer qu'avec la musculature qu'il possédait, Pierre Mingand pouvait saisir ledit Vital pour jongler avec lui comme il l'avait fait avec sa perche au-dessus d'un public qui n'avait pas dû comprendre pourquoi un trousseau de clés était venu verrouiller le spectacle…

À la réflexion, le sourire arboré par le comédien en rendant les clés n'était-il pas celui d'un acteur… qui jouait le rôle du « beau joueur » qui goûte la plaisanterie du patron… Un acteur ne met jamais délibérément les clés sous la porte.

MON AMI ALAIN DECAUX : POUR UNE REINE, 3000 GRENADIERS À POIL !

En 1958, j'avais 30 ans et Pierre Bellemare m'embarquait derrière son bâton de chef scout dans l'aventure du showbiz.

Notre société, Técipress, était composée de quelques personnes qui allaient faire leur chemin : Guy Lux, Roger Couderc, Alain Decaux... Ce dernier, dont l'amitié ne s'est jamais démentie malgré son accession aux plus hautes fonctions – académicien, ministre –, était déjà connu et apprécié à la télévision avec sa « Caméra explore le temps », coécrite avec Castelot et réalisée par Stellio Lorenzi.

J'ai une bonne mémoire et me rappelle une anecdote digne du show-biz de l'époque napoléonienne que les auteurs devaient et n'ont jamais tournée... Dommage.

Je ne résiste pas à commettre une faute chronologique de mon show-biz en vous la contant, elle en vaut la peine.

Un grenadier d'Empire qui présente les armes dans la « tenue d'Adam », c'est assurément une vision époustouflante, mais lorsqu'ils sont 3000 dans le même état, cela devient dantesque !

C'est pourtant ce qui fut donné à voir, un jour de 1811, à la fille de Joséphine, mariée au frère de Napoléon, dite la reine Hortense, qui rejoignait à Madrid son royal époux.

Dans ces années 1800, la diligence « type Gothard » était l'équivalent de notre TGV. Construite en deux parties accolées, se trouvaient à l'avant le « coupé » vitré, à trois sièges capitonnés, face à la route, au cul des chevaux, et derrière, la berline à six ou huit places plus rustiques. C'était le type même de la « familiale » louée par les nantis. Dans le coupé devant, les patrons, la piétaille avec les « en-cas » derrière, dans la berline. Pour le jour dont nous parlons, l'action se passe en Espagne où une caravane d'une centaine de diligences tirées par des mules roule dans la plaine vers Madrid. C'est la guerre, ou plutôt la célèbre guérilla vécue par Goya, et le convoi (comme celui des transferts de fonds, dans les westerns) est encadré par 3000 soldats-grenadiers commandés par le duc de Cotadilla, valeureux général au service de l'Empereur Napoléon, alors maître de l'Europe.

En tête du convoi, qui s'étire sur plusieurs kilomètres, 500 hommes, fusil au poing, prêts à répliquer dès la moindre alerte (comme les armées d'Hitler contre les maquisards dans les années 1943-1944). Ensuite, viennent les diligences abritant dans l'ordre « le trésor », pièces d'or et d'argent pour l'armée ; puis les véhicules des personnalités ; puis les autres, encadrés par 2000 soldats à pied ; enfin, fermant la marche, 500 hommes prêts eux aussi à combattre à tout moment, munis d'un canon sur roue en état de cracher un feu meurtrier de mitraille.

Alexandre Dumas, qui a rapporté l'histoire contée ici, résumera : « *C'était un immense serpent ambulant qui pouvait mordre par la tête et piquer par la queue.* »

Le duc de Cotadilla, responsable de cette gigantesque caravane, était un homme de 60 ans, haut en taille et en couleurs, réputé galant facétieux et spirituel, estimé et respecté autant de ses soldats que des civils du convoi.

Étant donné que ce voyage, organisé sous haute protection, avait lieu au mois de mai, époque où le soleil d'Espagne commence à peser des tonnes de plomb fondu, la caravane s'ébranlait à l'aurore, s'arrêtait sur le coup de 12 heures et reprenait la route à 14 heures jusqu'à l'étape du soir, généralement dans une localité, ville ou village réquisitionné.

Ce jour-là donc, c'est aux environs de 13 h qu'une estafette de la garde royale déboule auprès du duc de Cotadilla qui achève de déjeuner.

– *Général, je suis chargé de vous avertir que la reine Hortense et son escorte, qui chevauchent quelques lieues derrière moi, s'apprêtent à doubler votre convoi.*

Comprenant la priorité qu'il doit accorder à ce passage, le duc consulte sa montre gousset.

– *Dans combien de temps seront-ils à notre hauteur ?*

– *Une heure, pas moins.*

– *Soit ! Le passage sera libre. Je vais prendre mes dispositions.*

L'estafette repartie, Cotadilla donne aussitôt des ordres pour garer au maximum les véhicules sur le bas-côté de la route.

Alors que ses chefs le quittent pour exécuter ses ordres, il les retient.

– *Encore un mot, Messieurs. Comme nous avons beaucoup d'égards et de respect pour la fille de l'Empereur* (Napoléon l'avait adoptée officiellement), *nous allons lui rendre les honneurs qu'elle mérite. Que les hommes revêtent leur « grande tenue » et se tiennent prêts en alignement le long du convoi. Nous avons à peine une heure devant nous.*

Puis, s'adressant à son aide de camp tandis que les chefs se dispersent, il ajoute :

– *Faites prévenir les familles des voitures qu'elles aient grand soin de baisser les stores des fenêtres. Le changement d'uniforme nécessite une mise à nu des soldats dont la vision pourrait heurter les jeunes regards et choquer la réserve de ces dames privées de mari.*

Quelques instants plus tard, c'est dans une atmosphère débridée que quelque 3000 soldats se mettent à nu, trop heureux de quitter des vêtements couverts de poussière et poisseux de sueur. Des seaux d'eau ont été distribués pour des ablutions salutaires et indispensables pour endosser la fameuse « grande tenue » avec cravate et guêtre.

Tandis que, derrière les stores baissés, les occupants, dont la plupart sont des familles de militaires rejoignant le père à Madrid, s'apprêtent à faire une sieste, à quelques pas des diligences, les soldats s'aspergent et s'ébrouent dans le plus simple appareil.

Par 30° à l'ombre, ces ablutions providentielles sont ressenties comme une aubaine d'exception.

– *Bénie soit la reine Hortense à laquelle nous devons ce rafraîchissement des plus salutaires.*

Le duc de Cotadilla lui-même est en proie aux satisfactions aquaphiles lorsqu'un de ses adjoints surgit, sa serviette en forme de pagne.

– *Général, général! La reine!*

– *Quoi la reine?*

– *Là-bas, regardez!*

Le nuage de poussière qui monte de la plaine en amont de leur parcours ne laisse aucun doute sur l'imminence de l'arrivée d'un convoi militaire à grande allure.

– *Mais on nous avait annoncé une heure!*

Quelle qu'en soit la question, le fait était là, péremptoire, omniprésent. Le duc était, nous l'avons dit, spirituel et facétieux... En un instant, il prit la décision de faire face. « À la guerre comme à la guerre », comme dit la célèbre locution. Aux officiers accourus devant cette constatation visible aux yeux de tous, il dit quelque chose du genre:

– *Messieurs, ce concours de circonstances imminent ne nous fera pas manquer au devoir de rendre à la reine l'hommage qui lui est dû. À défaut de « grande tenue », que la présentation de nos armes soit à la hauteur de la situation. Messieurs, faites battre « aux champs » et tous à vos rangs en grande tenue d'Adam au paradis terrestre.*

Après quelques temps d'hésitation, voire de stupeur, on entendit les tambours battre le rappel. Les ordres fusèrent tout au long de la caravane.

– *À vos rangs... Allez, à vos rangs...*

Mi-rigolards mi-sérieux, réalisant l'aspect extraordinaire de la situation, mais obéissant aux ordres, on vit les 3000 hommes s'aligner tout le long du convoi, « *nus comme des p'tits Saint-Jean* ». Les officiers firent même ôter les bribes de vêtements de ceux qui avaient eu le temps de commencer à s'habiller.

– *L'uniforme, c'est à poil, allez... À mon commandement...*

Dans un bruit de cavalcade, l'escorte royale, avec en son milieu la berline de la reine Hortense, arrivait aux abords du convoi.

– *Fixe... Présentez... Armes!*

Quel spectacle inouï! L'histoire ne dit pas si la reine Hortense apprécia cet hommage unique en son genre et si elle reconnut au passage le duc de Cotadilla auquel elle devait cette présentation d'armes d'une nudité aussi exceptionnelle que variée...

Dans une des voitures de tête, la femme d'un général qu'elle rejoignait avec leurs trois enfants avait eu beaucoup de mal à faire rentrer l'un d'eux à l'abri, derrière les stores de la berline, celui-ci voulant rester dans le coupé. Ayant fini par céder à l'injonction de sa mère, avait-il soulevé un coin du store pour voir en bas les fesses des soldats présentant leurs armes ? Dumas, qui raconte l'histoire, n'en dit mot. L'enfant en question avait 9 ans et il s'appelait Victor Hugo.

CLAUDE DARGET ET BIG LÉON

Au contraire de Zitrone, « l'écraseur de service », qui assénait de commentaires massifs et définitifs ses reportages, Claude Darget restait discret et d'une finesse remarquable. Tous deux très cultivés et dotés d'une excellente mémoire, ils furent souvent rivaux sur des projets de reportages, mais autant l'un restait campé sur son idée de traiter les sujets, l'autre allait dans le sens du vent et bien souvent acceptait de « retoucher » ses commentaires. Cette manière de s'adapter faisait dire à Darget :

– Zitrone parle parfaitement trois langues : le français, le russe et le « serve » qu'il apprit lors de ses nombreux séjours en Servilie !

JEAN NOHAIN, « MERVEILLEUX » TROUBADOUR

C'est alors qu'à l'angle de la rue Bayard et de l'avenue Montaigne débouche « *une créature de rêve* »... Nous sommes en 1956 par un beau jour du mois de mai. J'ai 26 ans avec tous mes cheveux et, sur le trottoir, devant Radio Luxembourg, notre équipe de jeunes débutants entoure Jean Nohain pour échanger les dernières instructions de l'émission « Le Père Bonheur » que nous allons réaliser en banlieue.

– *C'est bien ça, on se donne rendez-vous devant la mairie et c'est vous qui me prenez en charge... Vous m'écoutez ou quoi ?*

Jean Nohain vient de réaliser qu'aucun de nous ne lui prête attention, fascinés que nous sommes par la « chose » qui s'avance vers nous en ondulant de partout et passe dans un déferlement de rêves érotiques. L'œil rempli de concupiscence, nous regardons s'éloigner ces formes et ces rondeurs qu'aucun manuel de géométrie ne saurait reproduire...

– *Qu'est-ce qu'il y a ?*

La voix de Jean Nohain, qui, à l'époque, a 56 ans et est en pleine gloire, nous rappelle brusquement à la réalité. Pour excuser notre attitude désinvolte, d'un signe de tête, l'un de nous indique la jeune fille qui s'éloigne dans son ondulation permanente.

– *Vous n'avez pas vu ?*

Bien sûr que non, absorbé dans la programmation de son émission, il n'a rien vu, ce brave Nohain qui tourne la tête, jette un œil (il était borgne) vers la créature de rêve qui disparaît à l'angle de la place François Ier, revient à nous et laisse tomber :

– *OUI ! Mais QUAND ?*

J'ai souvent pensé à ces deux impératifs si souvent contradictoires dans nos métiers où tout s'enchaîne dans une nécessité d'urgence.

– *Antenne dans 5 minutes !*

À l'époque, la loi du direct était sans appel, aussi bien à la radio comme ce jour-là à Radio Luxembourg où l'émission que nous préparions démarrait à 20h04 précises, qu'à la télé où Nohain présentait « 36 chandelles » chaque semaine.

– *Mes chers zamis, bonsoir…*

Et ça enchaînait pour une heure avec des invités très souvent aléatoires.

– *… et nous avons le plaisir et l'honneur d'avoir ce soir avec nous…*

– *Excusez-moi Jaboune* (surnom de Jean Nohain), intervenait André Leclerc son fidèle second, *mais Monsieur Jean Rostand a dû être pris dans les embouteillages, il n'est pas là…*

– *Ce sont des choses qui arrivent…*

– *Ou qui « n'arrivent pas » !*, glissait finement Leclerc.

– *Alors, qui le remplace ?*

– *Je crois que notre ami Fernand…*

– *Heureusement mes chers zamis*, enchaînait Nohain, *que notre ami Fernand Raynaud a toujours quelqu'un de sa merveilleuse petite famille dont il peut nous donner des nouvelles toutes fraîches…*

Et Fernand entrait en scène boucher le trou en parlant de sa sœur ou de Mlle Lelongbec…

C'était le temps heureux de la télé à chaîne unique avec des poissons rouges en noir et blanc qui transformaient le poste en aquarium lorsque les speakerines ne savaient plus quoi dire quand la coupure du film tardait trop à être recollée.

« Merveilleux » Jean Nohain, si « bien de chez nous », qu'il pensa en juin 1940 que le maréchal Pétain allait régler au mieux tous nos problèmes. Il fut même décoré de « l'ordre de la Francisque » par Vichy grâce à Emmanuel Berl, mari de Mireille, qui, quoique juif, écrivit plusieurs discours du Maréchal.

– *Je hais les mensonges qui nous ont fait tant de mal!*

Réalisant assez vite son erreur, Jean Nohain partit pour Londres rejoindre le général de Gaulle. Commandant d'un char de la division Leclerc, il entra le premier dans Strasbourg. Là, au cours d'un arrêt pour demander sa route à un autochtone, une balle ennemie lui traverse le cou… Le visage à moitié paralysé, la chirurgie esthétique lui modèlera un côté perpétuellement souriant. C'est ce côté heureux qui fera son succès à la télévision… mais ceux qui, comme moi, voyaient aussi l'autre face percevaient son œil lançant des éclairs lorsque les choses n'allaient pas comme il le voulait, spectacle étonnant s'il en était. Souriant et détendu côté spectateurs, furibond et assassin de l'autre.

– *Comme c'est merveilleux de gentillesse tout ça mes chers zauditeurs.*

Mélangeant les noms avec un art consommé :

– *Mon cher Armand Rouland…*

– *Jean-Paul, Jaboune !*

– *Ah oui! excusez-moi, je confondais avec votre fils.*

– *Vous voulez dire mon frère… C'est Jacques.*

– *C'est exactement ce que je pensais cher ami…*

Jean Nohain avait un tel talent de parolier, auteur, avec Mireille pour la musique, des éternels « Couchés dans le foin », « Le petit chemin qui sent la noisette », « C'est un jardinier qui boite, qui boite et qui boit », « Une demoiselle sur une balançoire… ».

Un jour, avec Mireille, ils se rendirent à Marnes-la-Coquette chez Maurice Chevalier pour lui présenter de nouvelles chansons. Mireille au piano, Jaboune scande les paroles griffonnées sur un bloc-note.

– *Ça s'appelle « Couci-Couça »… C'est une ébauche bien sûr…*

Tandis que Maurice, d'une oreille experte, apprécie la musique bien en place, il jette un œil un peu sceptique sur le texte lu par Jean Nohain.

– *Ouais…*, dit Maurice, *« Couci-couça », c'est le cas de le dire… Mais, dites-moi Jean, qu'est-ce que vous avez écrit là ? Quand un vi… quoi ?*

– *Oh !* répond Nohain, *c'est un monstre qui me sert à placer des paroles définitives sur la musique… « Quand un vicomte rencontre un autr' vicomte… n'en tenez pas compte ! C'est l'cas de l'dire.*

– *Mais pas du tout*, réplique Chevalier. *C'est ÇA la chanson…*

Et sur la musique du « Couci-couça », il se met à chanter :

– *Quand un vicomte*
Rencontre un autr' vicomte
Qu'est-ce qu'ils se racontent ?
Des histoires de vicomtes

Et Nohain d'enchaîner :

– *Quand une marquise*
Rencontre une autre marquise
Qu'est-ce qu'elles se disent... ?

Ce fut un des plus gros succès de la chanson de l'année 1937. Merveilleux Jean Nohain qui mourra d'épuisement à 80 ans en 1981, victime d'un hoquet incoercible à cause de son cœur fragile qui avait tant donné, dans tous les mondes du show-biz. La preuve qu'il était « bien d'chez nous ». Son vrai nom était... Legrand.

LE CARROSSE DE MAURICE SIEGEL AU GRAND SIÈCLE À VERSAILLES

L'instant a quelque chose de magique. Derrière nous, le château de Versailles, en majesté, s'encadre dans une nuit émaillée d'étoiles. La soirée, organisée par *Télé 7 Jours*, qui s'achève, là, sur le terre-plein transformé en vaste parking, est aussi parfaitement réglée que ce que nous venons de vivre.

Et quand je dis « Nous », c'est avec un « N » majuscule qu'il faut l'écrire. Songez donc que je fais partie des 100 personnalités télévisuelles conviées à ce raout parisien. Nous sommes dans les années 1970 et les « Frères Rouland » sont des vedettes... Cette vérité, qui m'a toujours échappé en tant que telle, est là, pour la première fois tangible. Devant moi, les messieurs en smoking et leur dame en robe du soir ont tous un nom connu des téléspectateurs à des titres divers, et la photo de famille, pour laquelle nous avons posé sous une copie du *Sacre* de David[13], fixera cet instant pour une éternité toute relative – la preuve, je suis bien incapable de dire ce que j'en ai fait et, le pire, c'est que je m'en tamponne royalement la souvenance.

---

13. Après la pose photo sous *Le Sacre de Napoléon* par David, Philippe Bouvard me demande avec son sourire « grippeminaudien » :
– *Vous n'êtes pas trop mouillé, Jean-Paul ?*
– *Heu non, pourquoi ?*
– *Regardez, nous étions sous Pie VII !*
(Il est bon de rappeler que Napoléon, en bon « maître chanteur » qu'il était, avait réussi à faire déplacer le pape pour lui reprendre la couronne impériale dans ses saintes mains et se la poser lui-même sur la tête...)

Mais là, ce soir-là, dans la file des personnalités qui attendent comme moi, un ticket numéroté à la main, que l'un des voituriers aille chercher votre véhicule, je suis fier de moi. Il serait plus juste de dire fier de nous. La FDMV qui me tient la main a, en effet, tout organisé, elle aussi, pour que je sois digne de figurer dans cet aréopage. Smoking bleu canard et noir sur mesure de chez Smalto, nœud-pap' assorti, chaussures vernies de chez Testoni, boutons de manchette et montre Cartier, la classe quoi m…!

Mon compte en banque en a pris un bon coup, mais comme « Entrez sans frapper » programmé toutes les semaines à la télé, avec Bellemare et Jacques, marche bien et que tous les jours Europe 1 diffuse, de 11h30 à 13h, une émission de jeux qui « audimate » elle aussi, je n'ai aucune inquiétude pour alimenter mon avenir immédiat.

Évidemment, la file d'à côté, marquée en tête « *avec chauffeur* », me classe dans une catégorie inférieure, mais c'est déjà bien d'en être arrivé là.

– *La voiture de Monsieur Siegel…*, annonce précisément au micro le responsable de la file voisine.

Eh oui ! Maurice Siegel, c'est quand même le patron d'Europe n°1 et, de plus, il vient de créer le magazine *VSD* avec succès. J'ai une pensée pour son chauffeur, Claude Duverger, dit « Dudu », que j'adore et qui nous le rend bien, il va dégager sa voiture pour venir charger Monsieur et Madame Siegel. Ceux-ci sont d'ailleurs en grande discussion avec Monsieur et Madame Alain Decaux qui, eux aussi, attendent leur chauffeur. Tiens, Bouvard, lui aussi, est « *avec chauffeur* », et Marcel Jullian itou. Je n'éprouve aucune jalousie, n'ayant jamais regardé dans l'assiette des autres, je ne vois pas l'intérêt qu'il y aurait à fouiller dans leur boîte à gants. À nos côtés, Jacques, mon frère, a une conversation passionnée avec Christian Zuber à propos de la diffusion récente de l'émission d'un confrère.

– *Bien trop longue… Et surtout très mal foutue…*

– *C'était d'la merde, disons-le !*

Tiens, la voiture d'Alain Decaux embarque ses passagers. Siegel, qui n'est pas réputé pour sa patience, leur fait signe au revoir et s'adresse au chef voiturier qui relance son appel :

– *La voiture de Monsieur Siegel…*

J'imagine « Dudu » coincé par je ne sais quelle circonstance. Il connaît son patron et doit ronger son frein – au sens Ferodo du terme. Duverger, homme plein de bon sens, a l'oreille de Siegel et bon nombre de petits problèmes internes ont été réglés grâce à son intervention. C'est Bouvard, maintenant, qui est à côté du directeur d'Europe. Lui, c'est RTL, concurrent direct.

– *La voiture de Monsieur Bouvard*..., et comme Siegel fait encore signe... *Et celle de Monsieur Siegel.*

Je souris à l'idée d'un quiproquo du genre « *vous pouvez rentrer Dudu, on r'viendra avec Gorini* », etc. Gorini n'est pas venu à la dernière seconde... Alors forcément, la voiture n'est pas là.

Je chasse très vite cette idée absurde de ma tête pour resavourer l'instant qui me met là, dans un choix sélectif, beau comme un camion, la main de la FDMV dans la mienne, après un souper si fin qu'on aurait encore faim, arrosé de vins si précieux qu'il était vain d'en redemander, et tout ça dans un décor conçu par et pour le plus fastueux de nos Louis le 14e en titre. Mon imagination galopante me coiffe d'une perruque à marteaux, canne à la main, vêtu de velours et dentelles, attendant mon carrosse... Enfin, disons ma calèche, le carrosse c'est la file d'à côté.

– *Il attendait son carrosseu... Il attendait ses chevaux...*

La chanson de Jean Nohain et Mireille enchante mon souvenir.

– *Votre numéro, Monsieur Rouland !*

Arrivés au terme de notre attente, je tends, d'une main princière, le bristol qui va faire rapatrier notre équipage... Dans la file voisine, le comte de Siegel, au comble de l'impatience, arrache le micro des mains du voiturier-chef et sa voix à l'accent faubourien se répercute, sonorisée, énorme, dominante, sur l'ensemble de cette noble assemblée.

– *Dudu, nom de Dieu !*

Trois siècles qui vous déboulent d'un seul coup sur la margoulette, vous ramenant, sans transition, du Grand Siècle au pot d'échappement, quel raccourci !

SACHA APPREND QU'IL EST COCUFIÉ PAR YVONNE

En 1926, mariée depuis douze ans à Sacha Guitry, Yvonne Printemps qui joue *Franz Hals* avec Pierre Fresnay, tombe amoureuse de lui. C'est un coup de foudre réciproque et, pour se retrouver sans attirer l'attention, elle fait percer une porte entre l'une des cabines d'essayage de son amie couturière et un studio de l'immeuble voisin où l'attend celui qui l'accompagnera jusqu'à la fin de sa vie.

Un jour, bien sûr, Sacha a des soupçons, il fait faire une enquête discrète qui aboutit à la découverte astucieuse du « pot aux roses de sa disgrâce ».

À l'époque, Fresnay est marié à une charmante comédienne du Français, Berthe Bovy.

Alors, avec le sens aigu du dialogue qu'avait Guitry, celui-ci décroche son téléphone.

– *Allo Berthe ?*

– *Oui.*

– *C'est Sacha ! Nous sommes cocus*[14].

---

14. Une anecdote, sans doute apocryphe mais « délicate », circule sur l'infidélité d'Yvonne Printemps et les cornes de Sacha Guitry.
Lors d'un dîner, Sacha Guitry, excédé et jaloux, aurait lancé à sa femme :
– *Quand tu seras morte, je ferai graver sur ta tombe : « Enfin froide ! »*
Et Yvonne de répondre, acide :
– *Et moi, sur la tienne : « Enfin raide ! »*

Et il raccroche.

Jean-Pierre Darras, qui fut un familier du couple Fresnay-Printemps à l'époque où ils occupaient le théâtre de la Michodière, m'a raconté qu'à la fin des soupers qu'ils donnaient à leur domicile, la conversation tombait forcément à un moment quelconque sur les bijoux magnifiques portés par Yvonne Printemps.

Il faut préciser que lors des 13 années qu'elle vécut près de Sacha Guitry, jouant des pièces qu'il écrivait pour elle et lui, il ne la payait qu'en bijoux, réglant les autres dépenses qu'elle faisait par chèque.

– *Vous avez là de bien beaux bijoux, Yvonne.*

– *Vous ne les aviez pas vus...*

Et, traditionnellement, la grande dame qui avait « *des rossignols dans la gorge* » ôtait ses parures qui faisaient le tour de la table entre les mains admiratives des convives.

– *C'est une merveille !*

– *Extraordinaire !*

– *Incroyable !*

Forcément, à un moment, le bracelet en question arrivait à Pierre Fresnay qui le passait sans même le regarder à sa voisine, disant sèchement :

– *Merci, j'connais !*

Pierre Fresnay (né Laudenbach) et Yvonne Printemps (née Wigniolle – elle avait débuté à 14 ans dans une revue intitulée *Nue Cocotte !*) finiront leur vie ensemble. Lui mourra en 1975 à 77 ans, elle le suivit deux ans plus tard. Elle avait 83 printemps.

Tous deux reposent au cimetière de Neuilly.

LE GOAL PASSOIRE DU CIRQUE JEAN RICHARD, JULIEN DARUI

« *Le gardien volant* », « *Le verrou total* », « *L'homme aux 100 mains* ».

Évidemment, aujourd'hui, il est difficile d'appliquer ces mêmes qualificatifs à un gardien de but de l'équipe de France. Il faut remonter dans le temps pour justifier ces appellations pour le moins exagérées, pour ne pas dire outrancières.

Et pourtant, j'ai entendu, moi qui vous narre, le Parc des Princes scander le nom du goal qui motiva ces qualificatifs.

– *Darui... Darui... Darui...*

C'était en 1938, j'avais 10 ans, avec mes trois frères, nous avions « séché » les vêpres de Notre-Dame de Boulogne, où nous étions enfants de chœur, pour rejoindre le Parc des Princes, beaucoup plus attractif qu'une nef d'église.

– *M'sieur, vous voulez bien être mon père ?*

Eh oui, pour entrer, comme nous n'avions pas un sou en poche, et que seuls les enfants « accompagnés » ne payaient pas..., nous devions chercher un père d'occasion. Les réactions étaient très mitigées.

– *Fous-moi la paix tu veux, l'môme !*

– *Non, fous-moi l'camp ou j'te file une taloche !*

Heureusement, il se trouvait toujours un brave qui pigeait et nous prenait par la main.

– *Allez p'tit, viens... Le gamin ne paye pas ? Bon alors, un virage !*

Le problème, comme chacun cherchait « son père », il fallait fatalement attendre celui qui n'arrivait pas à le trouver. Généralement, c'était Jacques, le plus petit, 8 ans et demi, qui restait à la traîne.

– *Alors, tu t'grouilles,* lui criait mon frère aîné derrière les grilles, *tiens, l'monsieur avec son chapeau, là... M'sieur, vous voulez pas être son père... pour entrer ?*

Pas dupes, aux portes, les contrôleurs de billets finissaient par appeler Jacques, ayant pitié de lui.

– *Hé gamin ? Oui, toi ! Allez passe !*

Alors, chœur des 3 p'tits Rouland :

– *Merci M'sieur !*

Je me souviens particulièrement de ce dimanche-là, c'était « Paris-Prague ». Paris, c'était le Racing, maillot bandes bleu et blanc avec Julien Darui dans les buts.

Souvenir impérissable. Match formidable. Paris vainqueur !

– *Darui... Darui... Darui...*

Le hasard de la vie fit que, 20 ans plus tard, la toute jeune radio Europe n°1 me confia la réalisation d'un feuilleton quotidien sous le chapiteau du cirque Jean Richard, dont Albert Préjean était Monsieur Loyal et Julien Darui la vedette sportive.

Formidables retrouvailles, Albert Préjean et Darui, deux vedettes qui m'avaient fait rêver adolescent, chacun dans leur spécialité, se retrouvaient avec moi, auteur d'un feuilleton qui suivait le cirque.

Albert, qui n'avait alors que 62 ans, était tout de même un peu « fatigué » et Darui n'avait plus ses jambes de 20 ans depuis 20 ans déjà...

Comme Jean Richard, en astucieux gestionnaire, invitait gratuitement les jeunes membres du club de foot local à venir botter des penaltys au célèbre goal, les ados distribuaient autour d'eux des billets mi-tarif... Tout bénef' ! Le problème, c'est que face à ces jeunes joueurs qui tiraient des « pointus » à bout pourtant, Darui encaissait tous les soirs un nombre impressionnant de buts, et ça faisait désordre. Pour compenser, Jean Richard avait demandé à Régis, le comptable du cirque, ancien joueur amateur, de disposer au final dix ballons devant les buts et de les tirer dans un ordre convenu avec Darui pour finir en beauté. Premier tir coins bas droite, 2e mi-haut gauche, 3e lucarne gauche, etc. Du coup, « le gardien volant » retrouvait sa superbe, sous l'œil connaisseur de son public, il repoussait tous les tirs sous les commentaires dithyrambiques au micro de Monsieur Loyal Albert Préjean.

– *Magnifique arrêt… Superbe… Bravo Darui… L'homme aux 100 mains est retrouvé… Formidable Darui… On l'applaudit bien fort !*

Apothéose sportive, terminant de façon logique et spectaculaire le numéro Darui dans un tonnerre d'applaudissements.

Jusqu'au soir où…

Darui n'était pas d'un caractère facile, peu s'en faut, on peut même dire « tête de lard », et, en plus, d'une susceptibilité à fleur de shoot. Tous les soirs, malgré le soin méticuleux de respecter les angles prévus, à quelques centimètres près, il arrivait dans le « final » qu'un ou deux ballons rentrent et, en coulisse, systématiquement, Régis se faisait enguirlander.

– *Fais gaffe, m… C'est ch… On avait dit…*

– *Excuse-moi, j'suis désolé, c'est toi qui t'es gouré, le 3e c'est « coin droite mi-hauteur »… Et tu as fait…*

Évidemment, jamais « le gardien volant » n'acceptait s'être trompé et je sentais le « ras le bol » monter dans la cafetière de Régis qui avait, lui aussi, son amour propre.

– *J'en ai marre. Ce mec, il me fait…*

Alors, un soir, avant de monter disposer ses penaltys, Régis, me voyant assis dans le coin d'une loge en bordure de piste, vient me glisser à l'oreille :

– *Regarde bien, tu vas pisser de rire !*

Régis avait raison, l'expression « en faire pipi dans sa culotte » ne m'a jamais paru autant justifiée…

Quoi ? Vous riez déjà ! Ma parole, vous y étiez !

Eh oui, Régis a tiré tous les penaltys a contrario de ce qui avait été prévu… Les 10 ballons sur les 10 sont rentrés dans le but. Au lieu de grouiller DEVANT, les ballons grouillaient DERRIÈRE, dans les filets… Le pire, c'est qu'Albert, pas prévenu bien sûr, et dépassé par cette situation abracadabrante, poursuivit au micro son commentaire habituel :

– *Magnifique arrêt…* Et pan, la balle dans le fond… *L'homme aux 100 mains…* Et pan, dans les filets… *Bravo Darui…* Et le ballon qui rentre à l'autre bout… *Formidable arrêt !*

Médusé, le public était frappé de stupeur… Et Préjean tournait dans tous les sens son œil de perroquet… Et Darui qui plongeait à contresens…

Et moi qui manquais d'air, effondré dans un coin de loge, suffocant de douleur hilare… la rate désintégrée.

– *Formidable Darui… On l'applaudit…*

Pour finir, Albert pointe vers moi un visage d'ectoplasme pour me dire, dans le micro, oubliant que tout le monde l'entendait, cette phrase qui m'achève et me fait m'écrouler réellement à même le sol, anéanti, moribond :

– *Qu'est-ce qui se passe là ? Ça m'échappe !*

« Ça m'échappe » !!! Alors, il s'est passé que Régis s'est échappé, lui, à toute vitesse pour se réfugier cette nuit-là chez des parents qui habitaient la ville où le cirque Jean Richard avait planté son chapiteau.

Il s'est passé aussi que Darui, un surin dans la poche, a fouillé le cirque une partie de la nuit en criant à qui voulait l'entendre :

– *Où il est c'salaud ? J'vais le crever, j'te jure que j'vais l'crever.*

Il était talonné par un Jean Richard tentant en vain de tempérer ses ardeurs homicides.

– *Il faut avouer que tu n'es pas logique non plus… Il fait ça bénévolement… Tu l'engueules tout le temps… Hier, tu l'as traité de pauvre con…*

C'est seulement sur le coup de 3 h que Richard parvint à lui confisquer son cran d'arrêt avant de le convaincre, le lendemain, de consentir à une réconciliation devant les gens du cirque, pour le bien du spectacle. J'ai lâchement refusé d'y assister, prétextant du travail. En fait, j'avais peur de retrouver mon fou rire en me remémorant cette situation ubuesque que je ne peux toujours pas évoquer en gardant mon sérieux. Un grand moment digne des meilleurs sketchs de cette « Caméra Invisible » nichée au cœur de chacun d'entre nous.

Depuis, j'ai compris que le terme « à mourir de rire » pouvait très bien s'appliquer à une situation réelle.

Ce jour-là, je l'ai échappé belle et vous avez risqué de ne jamais en rire avec moi.

GUITRY ET LE « GOD SAVE THE KING » FRANÇAIS VOLÉ À LOUIS XIV

19 juillet 1938, le roi George VI et la reine Elisabeth, en visite officielle à Paris, assistent ce soir-là, avant le souper de gala à l'Élysée, à un acte écrit et joué spécialement par Sacha Guitry, comme Molière en avait écrit un pour Louis XIV 275 ans auparavant.

En l'occurrence, Guitry va parodier son illustre devancier en adaptant la même situation avec tout l'esprit et le talent qui en faisaient déjà avant guerre l'un des auteurs à succès parisiens.

En effet, dans cet acte qui se passe à Versailles, Guitry-Molière répète un spectacle improvisé dans l'attente du roi. Se trouve là, entre autres, l'ambassadeur anglais… Lord Churchill, auquel il fait entendre les demoiselles de Saint-Cyr, lesquelles, sous la conduite de Lulli, chantent sur sa musique l'hymne anglais actuel (essayez, vous verrez comme ça « colle » bien).

Grand Dieu, sauvez le roi
Grand Dieu, vengez le roi
Vive le roi…
Que toujours glo-ri-yeux
Lou-is vic-to-rieux etc…

De fait, cet hymne composé à la gloire de Louis XIV fut entendu en 1714 par Haendel, lors d'une visite à Versailles. Le musicien allemand était lors compositeur officiel de George Ier, roi d'Angleterre… Dès son retour à Londres, Haendel fit adapter des paroles sur la musique de Lulli sans aucun état d'âme, la SACEM n'était pas encore inventée.

Le « *Grand Dieu, sauvez le roi* » devint le « *God save the king* » qu'il est toujours depuis, avec sa féminisation en « queen » lorsque sa Gracieuse Majesté porte jupons [15].

Voilà comment le vol manifeste de la musique d'un Italien par un Allemand passa d'une vocation française à une possession britannique qui retentit aux quatre coins du monde lorsque l'Union Jack monte au mât de l'identité des nations… « Honni soit qui mal y pense. »

Honni soit qui mal y pense, c'est précisément le titre d'une pièce que Guitry présenta en gala puis joua à Londres, au Coliseum, lors de la visite d'Albert Lebrun, président de la République, en avril 1939.

On raconte qu'à cette occasion, un midi, alors que Sacha déjeunait dans un restaurant réputé, tandis qu'il était en pleine conversation, un individu, manifestement pris de boisson, vient lui taper sur l'épaule.

– *Excusez-moi, mais j'entends que vous êtes français comme moi… Où qu'on peut pisser ici ?… Pardonnez-moi hein, je m'excuse…*

Stupeur des convives, Guitry, très maître de lui, commence par ôter la main du goujat de son épaule et, comme l'autre continue de s'excuser, il lui bloque la parole :

– *Merci, j'ai très bien compris… Alors, vous voyez, là, c'est un escalier, vous le descendez en vous accrochant à la rampe… Au bas, il y a un couloir, au bout du couloir se trouvent deux portes… N'en voyez pas trois, il n'y en a que deux. La première, c'est écrit « Ladies », vous n'entrez pas ; l'autre, vous lisez « Gentlemen »… Vous entrez quand même…*

---

15. Le duc d'Édimbourg est, paraît-il, « très prince sans rire » lorsque retentit le « *God save the Queen* » et qu'il se trouve près de son épouse la reine Elisabeth, il lui donne discrètement un petit coup de coude en lui glissant à l'oreille :
– *Ta chanson !*
Il est vrai que *King* ou *Queen*, les souverains anglais ne sont pas accrédités pour réclamer que Dieu les garde et les sauve, ce serait manquer au plus élémentaire des « fair-play ».
Rappelons que Winston Churchill, à qui on demandait la définition du parfait « gentleman », répondit :
– *C'est un homme qui joue parfaitement de la cornemuse… et qui n'en joue jamais.*

PAULINE CARTON ET LA MOUSTACHE POSTICHE

– *À vingt ans, j'avais une jupe plissée et des joues lisses. Aujourd'hui, comme vous pouvez le constater Monsieur le Président, c'est exactement le contraire…*

Et le public de rire et d'applaudir…

Au milieu des années 1950, je suis régisseur débutant à la radio et, en public, nous enregistrons « Le Tribunal des chansons », émission prétexte à juger une chanson en vogue, avec deux avocats, Jacques Grello et Robert Rocca sous la présidence de Saint-Granier.

Des témoins vedettes sont cités et, parmi ceux-ci, une habituée : Pauline Carton, comédienne populaire s'il en est à l'écran, type même de la « bonne » classique, grande amie de Sacha Guitry, qui faisait appel à son immense culture servie par une mémoire exceptionnelle. Arletty racontait qu'étant venue la voir jouer *Fric-Frac* au théâtre un soir, le lendemain, elle lui en avait cité toutes les répliques qui faisaient mouche avec une précision stupéfiante.

Au même titre que les amateurs de bons mots, je savourais les réparties de Pauline Carton et, dans les coulisses du cinéma où se faisaient les enregistrements, j'avais toujours une oreille tendue vers elle et c'est ainsi qu'un jour, je l'entendis raconter :

« Je me souviens qu'un soir, nous jouions au Daunou une pièce avec Victor Boucher (le Michel Serrault d'avant-guerre) et, comme l'après-midi il tournait un film où il jouait un curé, il avait été contraint de raser sa célèbre moustache à la Clark Gable. Évidemment, le soir, pour ne pas décevoir son public, il se collait un postiche fait sur mesure chez Pontet. Ce soir-là, au début de notre première scène, à chaque parole, je vois le bout de sa moustache, mal collée d'un côté, brandouiller au coin de sa bouche. Je lui fais signe discrètement d'appuyer dessus, conseil misérable, car cela accentue le décollage si bien qu'il est quasiment obligé de jouer avec l'index pointé au coin de sa bouche. Pas dupe, le public commence à rigoler, ce que voyant, à un moment, Victor Boucher s'arrête net au milieu d'une phrase et me dit :

– *On a sonné ! Vous n'avez pas entendu, on a sonné !*

Comme je reste évasive, il enchaîne avec une histoire de bonne dont la mère mourante fait qu'il est seul et doit aller ouvrir... Et il sort, me laissant là devant un public qui a bien sûr saisi la situation. Alors, je meuble, comme on dit chez Lévitan... J'essuie la poussière d'un buffet, admire la perspective d'un tableau, redresse un cadre, hume les fleurs d'un vase, fais la grimace, remodèle le bouquet et, pendant ce temps, en coulisse, Victor supplie qu'on lui trouve du vernis. Le régisseur court en chercher, mais vous connaissez le Daunou, les loges sont quatre étages au-dessus de la scène et le temps passe vite. Dans la salle, les rires ne tardent pas à se transformer en murmures, quelques sifflets partent même du poulailler... En coulisse, Victor Boucher, bouillant d'impatience, parfaitement conscient de la situation, prend tout à coup la décision qui s'impose. Il arrache sa moustache, essuie sommairement le vernis et rentre... glabre...

Silence pétrifié du public. Alors moi, pour dire quelque chose et tenter de sauver la situation, je lui dis sottement :

– *Qui était-ce ?*

Ce à quoi il me répond du tac au tac :

– *Oh rien, un raseur...*

Le public lui a fait une ovation et nous avons enchaîné. »

Le père de Pauline Carton était le bras droit du baron Haussmann et, farouche libre penseur, avait opté pour le saint-simonisme du père Enfantin. Elle parlait de son père avec une profonde admiration et, à sa mort, elle avait récupéré sa veste uniforme des saint-simoniens dont la particularité était d'être attachée dans le dos par une série impressionnante de boutons impossibles à attacher soi-même, symbole matinal d'avoir recours à autrui pour bien commencer sa journée. Pauline Carton en a fait don au musée Carnavalet où elle est sans doute encore visible. Le saint-simonisme, considéré à tort comme une secte (?), a marqué un passage important dans l'évolution du niveau de vie « concédé » aux classes défavorisées sous le Second Empire. (N'oublions jamais que c'est Napoléon III qui a accordé le « droit de grève »...)

Dans l'émission radio dont je parle au début, des témoins venaient appuyer leurs témoignages de soi-disant lettres d'auditeurs dont les noms et adresses étaient prétexte à des calembours astucieusement élaborés. Balancés en direct, ils faisaient la joie des protagonistes.

– *J'ai reçu une lettre de Madame «Amoiconte» de Meaux...* (*Le Cid*)

– *Monsieur «Kevoulez-vousqu'il» de Vienne m'écrit...*

– *Monsieur «Pelure» d'Orange...*

– *Madame «Jéhenvie» d'Béziers...*

– *Monsieur «Change» de Caen...*

Mais je pense que l'un des plus... inattendus est de Pauline Carton précisément, laquelle, de sa voix acidulée avec son arrière-accent parisien, dit un jour :

– *J'ai reçu un mot de Madame «Corvée» d'Biot...*

Née à Biarritz, Pauline, de son vrai nom Biarez, débuta à 20 ans au théâtre, en jouant le rôle d'une fille de petite vertu qui s'appelait Mademoiselle Carton. Elle en avait gardé le pseudonyme.

Profondément libre penseuse, elle refusa toute sa vie les contraintes domestiques en habitant à l'hôtel. Ses « biens précieux » étaient « serrés » dans un simple cabas de ménagère en toile cirée qui ne la quittait jamais.

– *Mon «fourre-tout»*, disait-elle.

Pour les soirées de gala, elle en avait fait fabriquer un chez un célèbre maroquinier, en box-calf noir du plus brillant effet. Elle en possédait toute une collection et je me souviens qu'elle venait parfois enregistrer avec un cabas écossais.

– *Vous venez du marché*, lui disait quelqu'un.

– *Oui, j'ai pas mal marché, je viens de la place Vendôme.*

Et c'était vrai. Elle habitait l'hôtel Saint-James et Albany rue de Rivoli, avec vue sur le jardin des Tuileries, où elle résida jusqu'à sa mort... «*dans une chambre de bonne*», comme elle l'avait prédit.

Elle avait fait don de son corps à la science et disait :

– *Ce ne sera pas un très beau cadeau que je ferai aux carabins. En y pensant, j'ai même songé à me faire tatouer autour du cou : « Tant pis pour vous... »*

L'image que je garde d'elle, c'est dans une pièce, puis un film de Guitry où, dans un rôle de bonne, elle confiait à son patron, joué par Sacha, tous les cancans de l'immeuble.

– *C'est comme la dame du 2e sur cour.*

– *Ah ! Elle aussi ?*

– *Avec le Monsieur du 4e.*

– *Eh bien, dites donc... Mais où apprenez-vous toutes ces turpitudes ?*

– *Ces quoi ?*

– *Toutes ces jolies choses...*

Alors, baissant le ton et s'approchant de l'oreille complaisante de son confident, elle distillait de sa voix si caractéristique :

– *Mais le soir, Monsieur... aux « ordures »...*

Pauline Carton est morte en 1974, elle avait 90 ans et une jolie carrière dans son cabas...

MICHEL SIMON ET SON NÈGRE EXHIBITIONNISTE

– Pardonnez-moi, charmante petite demoiselle, de ne pas avoir de dame-vestiaire pour recueillir votre duffel-coat, mais mon fidèle Boubou se fait un devoir de vous tendre le bras en guise de portemanteau !

De cette voix si caractéristique et cent fois imitée, Michel Simon accueille notre équipe de télévision dans son pavillon de banlieue à Noisy.

Pour les besoins d'une de nos émissions dans les années 70, nous avons sollicité le célèbre acteur qui, fort aimablement, a accepté de nous recevoir.

Le réalisateur, sa scripte, un cameraman, un preneur de son, un assistant et moi, producteur-interviewer, pénétrons donc dans l'intimité du « monstre sacré », comme disait Cocteau.

On m'avait prévenu :

« *Il va falloir que tu trouves un fond neutre, ce qui sera difficile vu qu'au mur, c'est que du porno – toiles, sculptures, gravures, photos, il y en a partout et que du c… !* »

À peine entrés, un rapide coup d'œil me confirme la puérilité du propos : nous sommes dans un sex-shop 5 étoiles. Monstre sacré au théâtre et à l'écran, monstre tout court dans la vie, Michel Simon disait complaisamment :

«*Ne vaut-il pas mieux avoir une sale gueule que de n'pas en avoir du tout ?*» Il aurait pu ajouter : «*Et un pénis*».

Ses farces et ses facéties, tant au théâtre qu'au cinéma, faisaient la joie du showbiz depuis l'avant-guerre.

Donc, Michel Simon qui, fort galamment, vient d'aider la scripte à ôter son manteau, lui désigne, de fait, la superbe sculpture en bois grandeur nature, d'un « nègre » (le mot n'était pas encore diabolisé...) torse nu, vêtu d'un pagne dont le bras semi-tendu, poing fermé, semble en effet tout désigné pour déposer un vêtement.

– *N'ayez pas peur, malgré sa tenue de sauvage, il est très serviable !*

– *Oh, je n'ai pas peur !* répond la scripte qui s'avance vers la statue en riant. Elle a à peine posé son vêtement sur le poing qu'elle fait un bond en arrière, poussant un cri propre à décrocher l'enclume de tous les sourds de la Terre. Mû par un contrepoids, défiant toute pudeur, un « membre viril » démesuré a jailli de la paille du pagne pour se planter sous son nez.

Après un temps de stupeur, éclat de rire général et Michel Simon de conclure, goguenard :

– *Pardonnez sa virilité jaillissante.* Erectus spontaneus...

Abandonnant le vêtement à sa garde phallique, nous eûmes, comme prévenu, le plus grand mal à trouver un fond décent pour filmer notre hôte qui prit un malin plaisir à nous indiquer des emplacements plus « hard » les uns que les autres.

– *Là, devant Léda et son Cygne de Véronèse... Vous préférez peut-être le satyre de Delphes en tenue de combat ?... Ou encore ces estampes japonaises ?*

Nous avons fini par opter pour *Le Verrou* de Fragonard d'un côté et une gravure d'êtres tellement enchevêtrés que leur action restait inidentifiable.

À la fin de l'interview, comme tout le monde guettait malicieusement le moment où la scripte allait devoir récupérer son duffel-coat au nez et à la barbe, si j'ose dire, du nègre, Michel Simon mit fin lui-même au suspense :

– *Tenez, petite mademoiselle, je vais vous restituer votre manteau et, par la même occasion, permettre à Boubou de retrouver son calme... afin de vous présenter ses excuses les plus... comment dire ?... les plus modestes.*

Modeste ! Mû par le contrepoids, l'énorme « engin » venant de disparaître derrière les pailles du pagne, le mot était tout à fait approprié.

C'était l'époque où nous commencions avec mon frère Jacques les « Caméra invisible ». Malgré une immense envie d'utiliser le « truc du pagne », nous n'avons jamais cédé à la tentation, l'aurions-nous fait que la censure nous l'aurait interdit…

Depuis, on en a vu et surtout entendu d'autres à la télé, c'est ce qu'on appelle pudiquement : « l'évolution des mœurs ».

JULIEN CARETTE SOUS LE ZINC

– Allô ! J'entends rien… Parlez plus fort… Allô oui ?

Au début des années 1960, nous déjeunons à la cantine des studios de Boulogne et, au fond, debout près du comptoir en zinc, je vois Carette se battre avec le téléphone en tentant de comprendre son correspondant.

– Y'a un de ces bruits ici… Allô oui ?

Et de se pencher derrière le bar, pour essayer de saisir ce que lui veut la personne qui l'a demandé quelques instants plus tôt, relayé par la voix de stentor de Mimile le patron brandissant le combiné.

– Julien… Téléphone !

Je m'amuse des mimiques du comédien, aujourd'hui en fin de carrière, mais qui fut, avant guerre, une vedette en second des films cultes comme *La Grande illusion*, *La Bête humaine* ou *La Règle du jeu*. Plus d'une centaine de films à son actif où son accent parisien et sa gestuelle comique faisaient le bonheur des amateurs du grand écran.

– Qui c'est ?… J'vous dis que j'n'entends rien…

Et de replonger à l'abri du bar pour réapparaître quelques secondes plus tard… brandissant le combiné inutilisable en direction de son épouse qui l'attend patiemment à sa table.

– J'entends rien… Et puis m… J'raccroche, il m'rappellera !

Navré, Carette tend l'appareil au patron qui, stoïque, continuait d'essuyer ses verres.

– J'suis navré de t'emmerder, mais ils choisissent toujours c'moment-là pour m'appeler.

– Normal, opine Mimile en raccrochant le combiné, *y'a qu'ici qu'ils sont sûrs de t'trouver à c't'heure-là...*

Et Julien de regagner sa table en mâchonnant une p'tite rondelle de saucisson à l'ail qu'il a piquée dans une soucoupe qui « traînait » sur le zinc...

– Quelle époque, on n'arrive même plus à s'entendre !

Il est vrai que Carette a des raisons de se plaindre de son nouveau mode de vie. Remarié à une femme plantureuse et largement plus jeune que lui, celle-ci, qui a reçu des consignes formelles du médecin traitant, les applique avec la plus grande sévérité.

– Trop de sucre dans le sang... Plus une goutte d'alcool.

– Un p'tit verre de vin ?

– Rien, de l'eau ! De l'eau, c'est tout.

De la flotte ! Pour Carette, bon vivant s'il en fut, et même parfois bien au-delà de la ligne droite, c'est le purgatoire, pour ne pas dire l'enfer. Et pourtant...

Quelques jours plus tard, étant de nouveau attablé à la cantine, je vois entrer Carette toujours escorté de son épouse-pilote. Comme mon voisin Riton est un vieux régisseur de plateau et qu'il connaît par cœur Carette et les lieux, il arrête net mon apitoiement lorsque j'aborde sa vie d'ascète.

– Tais-toi, tu vas me faire pleurer. Tiens, fais tomber ta fourchette...

– Que je fasse...

– Oui, comme ça, tu vas aller en chercher une propre sur le buffet derrière le bar... Et en r'venant, tu regarderas à côté du téléphone...

Intrigué au plus haut point, après hésitation, je laisse tomber ma fourchette, la ramasse et vais en effet en chercher une autre dans un panier sur le buffet, puis, me retournant, je vois, posé près du téléphone... un verre à demi rempli manifestement de pastis avec une paille dedans...

– T'as vu l'topo ?

L'œil rigolard, Riton poursuit en désignant d'un coup de menton Julien Carette qui s'installe à la table retenue pour lui, près de l'entrée, la plus loin du bar comme par hasard...

– T'as pigé ? « J'entends pas » et j'disparais derrière le bar pour lamper un coup d'pastaga...

– Et il fait ça tous les jours ?

– Non, y'a des variantes, c'est des fois dans les chiottes au-dessus de la chasse d'eau… ou dans sa loge sous l'lavabo… Tous les jours, Mimile le patron passe sur le coup de 11 heures faire un tour sur les plateaux ou dans les loges pour retenir ses tables. Je suppose qu'il a un code pour lui dire où s'ra sa p'tite tisane anti-déprime…

– Et sa femme ne se doute de rien ?

– Tu l'connais pas l'Julien, c'est le roi d'l'embrouille. Il suce des pastilles à l'anis, il adore… Ça lui rappelle le bon temps… Ah, c'est pas un triste !

– Elle est quand même très naïve !

– Qu'est-ce que tu crois ? Il l'a choisie sur mesure ! L'autre jour, elle m'disait : « Je ne le quitte pas d'une semelle et des fois c'est comme s'il avait bu… » Ah ! Oui que j'lui fais, et elle ajoute… Tu vas voir ça s'invente pas : « Pour moi, il parle beaucoup trop… Il se saoule de paroles ! »

La voix tonnante du patron perça le brouhaha juste à ce moment-là :

– Julien, téléphone…

Curieusement, la sonnerie avait été inaudible… mais dans le brouhaha des conversations, qui pouvait s'en apercevoir ?

MAURICE BIRAUD ET SA BRAGUETTE LARGEMENT OUVERTE

– *Maurice, ta braguette est ouverte !*

Vieille blague de potache, largement éculée, qui ne peut que navrer Maurice Biraud auquel Jean Poiret vient de glisser cet amical avertissement.

Il est aux environs de midi et demi et, ce jour-là, tout un monde blasé se congratule autour d'un cocktail, offert par on ne sait qui, pour on ne sait plus très bien quoi.

– *Mais si, t'étais à la projection samedi. Je t'ai vu.*

– *Dormir ?*

– *T'as rien perdu, c'est une merde totale.*

Des mots pour signifier qu'on est « in », entre deux gorgées de champagne qui hésite entre le pas assez frais ou le trop glacé, au même titre que les critiques selon l'interlocuteur qu'on a en face de soi.

– *Tu as vu la braguette de Maurice ?*

Retour aux réalités vestimentaires, Maurice Biraud a réellement oublié de fermer sa braguette, ce qui fait la joie des nouveaux arrivants, lesquels, comme l'a fait Poiret, ne manquent pas charitablement de l'avertir.

– *Maurice, ta braguette !*

Curieusement d'ailleurs, Biraud ne pipe pas, il feint même de ne rien entendre, croyant sans doute à un complot prémédité. C'est tout juste si de temps à autre il glisse un «*je sais…*» pour enchaîner aussitôt avec une de ses bonnes histoires qu'il sait si bien distiller. C'est l'époque où «Bibi» est le roi des matinées d'Europe 1 – *Hélène et son bus peint* – pastiche d'*Hélène et son destin* qui cartonne lors à la télé. Le cinéma l'utilise aussi avec bonheur. Pote d'Audiard, son côté titi parisien un peu naïf a fait merveille dans *Un taxi pour Tobrouk*, *La Cave se rebiffe* et autres films à succès.

Toujours en grande forme, il est très sollicité par les médias pour ses réparties et ses jeux de mots à l'emporte-pièce. De plus, comme c'est un adorable camarade, c'est un bonheur de le fréquenter.

Ce jour-là, donc, après avoir ignoré l'avertissement général des copains du métier: «*Bibi, ta braguette!*», Biraud, qui regarde fréquemment non pas l'endroit indiqué mais sa montre, rameute tout à coup près de lui les copains:

– *Hé Jean!* (Poiret) *Pierre!* (Mondy) et quelques autres.

– *J'en ai une bien bonne à vous raconter… Jean* (Lefebvre), *tu viens?*

On ne refuse pas une «histoire» de Bibi, tout ce petit monde se rassemble donc près de lui qui les tient sous pression.

– *C'est l'histoire d'un gars… Darry* (Cowl), *viens, viens… Écoute…*

Ayant capté l'attention de tous, Biraud s'arrête alors brusquement, regarde sa montre, s'assure qu'elle marche bien, puis dit d'un air entendu:

– *Une heure! Plus personne ne viendra, j'ferme la boutique…*

Et il remonte la fermeture de sa braguette!

SACHA GUITRY ET GEORGE V DANS SA LOGE

Guitry est souvent allé donner des représentations de ses pièces à Londres où il était, à l'époque, de bon ton (et dans le monde entier) de parler la langue de Molière. (Hélas, aujourd'hui, même aux JO, la mode est quasiment révolue… le baron de Coubertin a dû se retourner dans sa tombe.)

Ce soir-là donc, en 1920, George V vient, à l'entracte, rendre visite à Sacha dans sa loge où ils entament une conversation passionnante sur le métier de comédien. Métier que l'auteur connaît mieux que personne, étant fils d'un des plus célèbres acteurs de son temps (Lucien, mort en 1925).

Comme le temps passe et que George V est très disert, au bout d'un moment, le régisseur entrouvre discrètement la porte et, dans la glace, capte le regard de Sacha pour lui faire signe.

– *C'est l'heure de reprendre…*

Évidemment, il est difficile d'interrompre la conversation d'un roi, surtout quand celui-ci n'a aucune conscience de la situation et enchaîne question sur question.

Quelques instants plus tard, nouvelle tentative du régisseur. Alors, Sacha repousse son fauteuil, se lève et dit d'un ton navré :

– *Pardonnez-moi Sire, mais on me fait signe que le roi d'Angleterre va regagner sa place… Il ne faut pas le faire attendre.*

MON MUR DES…
EMMERDEURS ÉTOILÉS

– *My God!* comme disait Sapho! *J'ai laissé le Guignol ouvert…*

Fin des années 60, dans mon bureau de la rue de Miromesnil, un frisson de turpitude me dégouline le long de la colonne. Le «client», auquel j'explique le sujet du concours que nous lui avons concocté, a l'œil accroché à son nom qui trône avec trois étoiles sur la liste des «chieurs» que j'ai eu la mauvaise idée d'inscrire dans un coin du tableau.

Depuis quelques années, la présence au mur d'un tableau noir façon école primaire, me permettait de fixer les idées au cours de no «brainstormings» quotidiens. Partant souvent du principe qu'un petit dessin résume souvent mieux qu'une page dactylographiée, une craie, des symboles, des flèches, tout le monde suit, coup d'éponge, tout le monde… vaque.

Poussant le raffinement, apporté par la FDMV, jusque dans ma vie professionnelle, j'avais fait entourer ledit tableau noir d'un habillage guignol, avec fronton triangulaire et rideau à la grecque. Cette déco, en feutrine vert et rouge du plus bel effet avec son rideau, permettant de dissimuler illico presto les croquis ou autres délires, à l'annonce d'un visiteur.

– *Roulement, trois coups: Rideau!*

Mon «passé régisseur», lors de mes débuts professionnels au Regain de Christian Casadesus, se réjouissait de ce rappel à l'ordre de «LARDRAMA» et très vite, le «p'tit lutin» qui n'eut de cesse de trottiner dans mon réseau créatif, se manifesta. Comme les noms des punis écrits au coin du tableau noir de mon cours complémentaire…

– Rouland 100 lignes.

… Inscrire les noms des « emmerdeurs » accompagnés d'étoiles…

Et, par un hasard des plus malheureux, le « client » qui biglait ce jour-là vers les noms inscrits était accolé de ***…

– Perturbation imminente, attachez vos ceintures !

Pour retarder notre entrée dans l'orage, j'accélère et resserre le débit de mon exposé, réalisant parfaitement que M. Tesseul d'Orfier ne prête plus aucune attention à mon discours.

Croyant astucieux de le reconcentrer sur notre propos, je conclus :

– Vous avez peut-être des questions à me poser ?

Imbécile que je suis, c'est me jeter tête baissée dans la gueule du loup.

– Précisément, M. Rouland…

Et voilà !

– … Je vois mon nom écrit là, Tesseul d'Orfier…

– Votre nom ?

Le sourcil en forme de point d'interrogation, je confirme.

– Oui, bien sûr… avec d'autres noms… Ce sont nos rendez-vous de la semaine…

Bien trouvé Rouland ! Je jette un œil vers Olivier, mon associé, qui lâchement feint de rechercher quelque chose dans son sous-main astucieusement levé en bouclier à la verticale.

– Bien, mais pourquoi trois étoiles ?

– Ah ! Ça, c'est ce qui vous intrigue ?

– Un peu, oui !

Dans ces noyades-là, on gagne du temps comme on peut. Je m'adresse à mon associé.

– Olivier ? Olivier ? On le dit à M. Tesseul d'Orfier.

L'autre grand lâche laisse filtrer un œil embué de larmes du dessus de son sous-main, sa voix étrangement saccadée trahit son rire ravalé à grand-peine.

– Je ne sais pas s'il le mérite.

Le mot « mérite » m'ouvre grand la porte du secours.

– Olivier a raison, car votre humilité va en souffrir.

– Vraiment ?

– Mais oui… pardonnez-moi, mais c'est comme pour le guide Michelin, l'importance et l'intérêt que nous accordons à nos… clients éventuels.

Le visage de mon vis-à-vis accuse l'explication avec déférence, mais hoche la tête d'un air entendu.

– *Moi, à votre place, j'y aurais mis les emmerdeurs…*

Un temps, juste pour éclater d'un rire aussi faux que la recherche persistante dans le sous-main d'Olivier.

Et la conclusion me vient, lumineuse, comme un point final.

– *Oui mais là, vous seriez obligé de les cacher ! Moi pas…*

À sa place, j'aurais sans doute balancé l'estocade finale :

– *À moins d'avoir oublié de tirer le rideau.*

Il n'a rien dit de tel et, si moi je conclus ainsi, c'est en puisant dans le stock que chacun possède à la réflexion.

On appelle ça l'esprit d'escalier.

L'ESPRIT « MAL TOURNÉ »

« *Visitez l'habitat urbain !* »

Il y a des lustres de ça, en pénétrant sur le quai du métro, je tombe en arrêt devant les affiches qui affirment : *Visitez l'habitat urbain !*

Un usager, qui découvre en même temps l'invitation placardée et arbore un sourire on ne peut plus rigolard, me rassure sur ce que mon père me reprochait souvent : « Tu as l'esprit mal tourné ! »

Visitez l'habitat urbain ! À l'époque, le « mot » en question, associé au prénom d'un saint pape, était encore considéré comme vulgaire, et il faudra attendre Régine Deforges et plus tard Coluche pour qu'il perde ses points de suspension après la lettre b…

Le Tout-Paris à l'esprit mal tourné, chansonniers en tête, se gaussera de cette « invite à pénétrer dans l'intimité d'autrui », à tel point que l'affiche disparaîtra très vite des murs de la capitale.

Il est permis, dans ces cas-là, de se poser la question : Comment, entre l'annonceur, le concepteur, le maquettiste, l'imprimeur… tous ces gens doués, comme moi, d'un esprit qui peut mal tourner n'ont pas pensé à ÇA ?

Un autre exemple (auquel j'ai participé, le pire) me prouve que l'on ne saurait penser à tout, comme disait déjà Musset. À l'époque, en 1961, nos bureaux du « Poste parisien » sur les Champs-Élysées, nous prédisposaient à travailler avec Publicis, l'agence célèbre de Marcel Bleustein-Blanchet située à l'Étoile.

Spécialisés alors dans le jeux radio, « tonton Marcel » nous demande de plancher sur des communiqués sous forme de devinette pour la nouvelle Simca. Le slogan de base est : *Conduisez décontracté en Simca 1000.* Gros budget, gros moyens, on fonce. Idées, propositions, maquettes, re-maquettes, au bout d'une semaine tout est en place.

Évidemment, notre contribution ne représente qu'une infime partie de la campagne cogitée par Publicis. Affichage, films, annonces presse, etc., tout a été mis en œuvre pour décrocher le budget de la promo Simca. Des tonnes d'idées, de plans, de contre-plans ont été vus, revus, corrigés autour de *Conduisez décontracté en Simca 1000.*

Et le grand jour arrive !

Dans l'immense salle de projection de Publicis, tout est prêt pour le célèbre numéro de vente qui fit la fortune de M. Bleustein dans la « réclame » (*André, le chausseur sachant chausser… Brunswick le fourreur qui fait Führer* (ce qui était gonflé en 1936)… *Un meuble Lévitan est garanti pour longtemps…*).

La direction de Simca-Peugeot est là au grand complet avec Swen Sainderichin, responsable des relations publiques de Simca.

Petite mise en condition du patron de Publicis qui passe la parole aux responsables de ses différents services, lesquels mettent en valeur le travail effectué « en profondeur » sur le slogan *Conduisez décontracté en Simca 1000.*

Et tout s'enchaîne, projection, audition, tracts, placards presse, affiches. Sous une avalanche de sons et d'images, le client reste scotché sur place… Dans le silence retrouvé, Marcel Bleustein se lève radieux en pleine lumière et, sûr de lui, s'adresse aux représentants de Simca un peu sonnés par une telle mise en scène.

– Alors ? demande-t-il à son public.

Un temps, Swen Sainderichin, lève un doigt interrogateur.

– Oui ?

– Vous avez un gros marqueur ?

Surpris, mais nullement inquiet, le patron de Publicis se tourne vers son staff.

– Bien sûr…

Swen Sainderichin se lève, prends le gros feutre qu'on lui tend, s'approche de la grande affiche qui trône près de l'estrade puis, d'un geste vif, il trace trois grandes lettres S après le « dé » et après le « con » du mot décontracté, le slogan devient : *Conduisez dé***S** *con***S** *tracté***S** *en Simca 1000.*

– Et si on vous fait ça dans toute la France, qu'est-ce que vous dites Monsieur Bleustein ?

Le ricanement et les mots qui suivirent cette démonstration évidente d'un esprit aussi mal tourné que le mien, ne purent sauver la campagne mitonnée à grands frais par les meilleurs publicitaires de Paris. La Simca 1000 se passa donc de « Tonton Marcel » qui s'apprêtait à la faire conduire… en toute décon… Traction… ce qui ne serait sans doute pas passé non plus chez Citroën.

À propos d'esprit mal tourné, je n'ai jamais autant ri, et je ne fus pas le seul, un jour dans « Vive Jeudi », émission présentée par Jean Nohain et qui était enregistrée toutes les semaines en public à l'ABC. Parmi les diverses rubriques de l'émission figurait le « métier insolite », et ce jour-là, Jean Nohain interviewe sur scène : une pipière ! Autrement dit, une brave dame montée de Saint-Claude, ville dont la spécialité est la fabrication de pipes…

Vous riez déjà ? Vous avez donc l'esprit aussi mal tourné que nous l'avons eu ce jour-là en entendant, le plus sérieusement du monde, Jean Nohain demander à la charmante dame très intimidée :

– Combien de temps mettez-vous à faire une bonne pipe ?

– Vous faites combien de pipes par jour ? etc., etc.

Tout à son interview, Jean Nohain ne se rendait compte de rien et continuait, imperturbable :

– Est-ce qu'il y a des pipes plus difficiles à faire que d'autres ?

– Ça dépend de la grosseur, répondait sans rire la dame.

Lorsque l'interview prit fin, ponctuée par les applaudissements de la salle, André Leclerc, qui assistait Nohain, entra de dos, secoué d'un rire inextinguible, puis raccompagna la pipière en coulisse où, plié en deux, il resta insensible aux appels de l'animateur.

– Et maintenat, André Leclerc va vous dire à quel merveilleux numéro vous allez assister… André Leclerc ? André s'il vous plaît… Nous allons l'appeler tous ensemble mes chers petits amis, si vous le voulez bien… Avec moi les petits amis, An-dré… An-dré…

Et André Leclerc, incapable de dire un mot, entra en scène hilare et lui tendit un papier sur lequel était écrit la suite du programme. Puis, il ressortit chancelant, des larmes de rire ruisselaient sur ses joues.

– Alors maintenant, mes chers petits amis… enchaînait Nohain sans piper.

À la fin de l'enregistrement, petite explication orageuse entre André Leclerc et Jean Nohain. Je m'approche, mine de rien, et tend l'oreille.

– On vous l'avait dit… attention à l'interview…

– Peut être, mais ce n'est pas une raison pour rire au point de me laisser tomber comme ça en pleine émission.

– Vous ne vous rendez pas compte, vous lui demandiez combien elle faisait de pipes par jour…

Un temps, et Jean Nohain stoïque :

– Qu'est-ce que vous auriez voulu que je lui demande ? Combien elle faisait de fellations… ?

RÉPONSE DES ÉNIGMES DE LA PAGE 183

A. Il s'agit de frères siamois, la mort de l'un entraînant la mort de l'autre. Rappelons qu'au cirque Barnum, on exhibait des siamois célèbres qui… se marièrent !

B. C'est une fildeferiste qui se sert de son ombrelle comme balancier.

C. C'est un joueur de foot pendant un match, il montre obligatoirement le numéro qu'il a dans son dos.

D. Monsieur Z vient de prendre des cachets pour dormir et il sait que dans quelques minutes il sombrera dans une torpeur incompatible avec la conduite d'un véhicule.

E. Le gardien de la paix est sur un stade et participe à une course de relais.